VERSORGUNGS-
ZUSAGEN

JOSEPH PRINCE

Aus dem Englischen von
Thilo Niepel

Die englische Originalausgabe erschien im Verlag 22 Media Pte. Ltd. unter dem Titel *Provision Promises.* Copyright © 2012 by Joseph Prince. Published by arrangement with 22 Media Pte. Ltd., www.josephprince.com.

Die Deutsche Nationalbibliothek verzeichnet diese Publikation in der Deutschen Nationalbibliografie; detaillierte bibliografische Daten sind im Internet über http://dnb.dnb.de abrufbar.

Bibelzitate, sofern nicht anders angegeben, wurden der Schlachter Bibelübersetzung entnommen. Bibeltext der Schlachter, © 2000 Genfer Bibelgesellschaft. Alle Rechte vorbehalten. Alle Bibelübersetzungen wurden mit freundlicher Genehmigung der Verlage verwendet.

ELB *Revidierte Elberfelder Bibel,* © 2006 SCM R.Brockhaus, Witten.
EÜ *Einheitsübersetzung,* © 2016 Kath. Bibelanstalt GmbH, Stuttgart.
HFA *Hoffnung für alle,* © by Biblica, Inc.®, hrsg. von Fontis.
GNB *Gute Nachricht Bibel,* © 2000 Deutsche Bibelgesellschaft, Stuttgart.
LUT *Lutherbibel*, revidiert 2017, © 2016 Deutsche Bibelgesellschaft Stuttgart.
NEÜ *Neue evangelistische Übersetzung,* © Karl-Heinz Vanheiden.
NLB *Neues Leben Bibel,* © 2006 SCM R.Brockhaus, Witten.
ZÜB *Züricher Bibel,* © 2007 Verlag der Züricher Bibel.

Zitate aus den folgenden Bibeln wurden aus dem Englischen übersetzt:
AMP *Amplified Bible,* © 1987 The Lockman Foundation.
KJV *King James Version.*
MSG *The Message,* © by Eugene H. Peterson 2002. NavPress Publishing Group.
NIV *Holy Bible, New International Version,* © 2011 International Bible Society.
NLT *New Living Translation,* © 2007 by Tyndale House Foundation.

Umschlaggestaltung und Foto: © 22 Media Pte. Ltd.
Corporate Design: spoon design, Olaf Johannson
Lektorat: Gabriele Kohlmann, Esther Middeler
Satz: Gabriel Walther Media & Design • www.gabrielwalther.com
Druck: CPI – Clausen & Bosse, Leck
Printed in Germany

1. Auflage 2019

Hardcover: ISBN 978-3-95933-015-2, Bestellnummer 372015
E-Book: ISBN 978-3-95933-016-9, Bestellnummer 372016

www.gracetoday.de

Inhalt

Der Dieb kommt nur, um zu stehlen und zu töten und zu zerstören. Ich bin gekommen, damit sie das Leben haben und genießen, und es im Überfluss haben (zur Fülle, bis es überquillt).

JOHANNES 10,10 AMP

Einleitung

Gott will, dass du ein erfülltes, überfließendes Leben hast. Deshalb hat er dir Jesus geschenkt. Und mit Jesus kommt auch jede gute Gabe.

Mein Freund (damit meine ich natürlich auch immer alle Leserinnen), durch Jesu vollbrachtes Werk auf Golgatha hat Gott jede Versorgung für jeden Bereich deines Lebens bereitgestellt. Heute hast du vollen Zugang zu seiner Gunst, Weisheit, Gerechtigkeit, Fülle und seinem Frieden.

Lieber Freund, ich bete, dass du beim Lesen und Nachdenken über die Verheißungen in diesem Buch ganz neu die Liebe des Herrn, seine überfließende unverdiente Gunst und seine praktische Weisheit erfährst. Ich bin überzeugt, wenn das geschieht, wirst du zunehmend in dem überreichen Leben wandeln, das Jesus dir laut seiner Verheißung in Johannes 10,10 mit seinem Kommen geschenkt hat!

In steter Gnade,

KAPITEL 1

Deine Versorgung ist in Jesus verborgen

So seid nun nicht besorgt, indem ihr sagt: Was sollen wir essen? Oder: Was sollen wir trinken? Oder: Was sollen wir anziehen? Denn nach diesem allen trachten die Nationen; denn euer himmlischer Vater weiß, dass ihr dies alles benötigt.

MATTHÄUS 6,31–32 ELB

Überlasst all eure Sorgen Gott, denn er sorgt sich um alles, was euch betrifft!

RÖMER 5,7 NLB

Dein himmlischer Vater interessiert sich für dich

Seid nicht besorgt. Drei einfache Worte, die unser Herr Jesus dreimal erwähnte, als er lehrte, sich nicht um Grundbedürfnisse des Lebens zu sorgen. Jesus will auf keinen Fall, dass wir uns über unsere Bedürfnisse Sorgen machen!

»Pastor Prince, wie kann ich mir ***keine*** *Sorgen über meine Bedürfnisse machen?«*

Weil der Herr dir höchstpersönlich versichert, mein Freund, dass »dein himmlischer Vater **weiß**, dass du dies alles benötigst«, und **er will** es dir geben!

Wenn du also heute irgendetwas dringend brauchst oder dir in einem bestimmten Bereich etwas fehlt, sei getrost. Verliere nicht den Mut. Dein himmlischer Vater weiß genau darüber Bescheid, und weil er dich liebt, ist er mehr als bereit, diesem Bedürfnis nachzukommen.

Lieber Freund, du hast einen *guten* Vater, der sich zutiefst für dich interessiert und für alle deine Bedürfnisse sorgen will. Sei also nicht besorgt. Wirf jetzt jede Sorge auf ihn und ruhe in dem Wissen, dass er dich überreichlich versorgen wird!

Oder ist unter euch ein Mensch, der, wenn sein Sohn ihn um Brot bittet, ihm einen Stein gibt, und, wenn er um einen Fisch bittet, ihm eine Schlange gibt? Wenn nun ihr, die ihr böse seid, euren Kindern gute Gaben zu geben versteht, wie viel mehr wird euer Vater im Himmel denen Gutes geben, die ihn bitten!

MATTHÄUS 7,9–11

Darum sage ich euch: Alles, um was ihr auch betet und bittet, glaubt, dass ihr es empfangen habt, und es wird euch werden.

MARKUS 11,24 ELB

Gott ist ein guter Vater

Woher wissen wir, dass Gott ein guter Gott und ein guter Vater ist?

Jesus behandelte diese Frage, indem er einfach eine andere Frage stellte: »Wenn irdische Väter, unvollkommen, wie sie sind, ihren Kindern gute Gaben zu geben wissen, glaubt ihr dann nicht, dass euer liebender Vater, der im Himmel ist, noch viel besser zu euch sein wird?«

Mein Freund, wenn dich dein Kind um Brot bittet, würdest du ihm einen Stein geben? Mit Sicherheit nicht. Du würdest ihm das beste Brot geben, das du auftreiben kannst. Wie viel mehr wird dein himmlischer Vater dir Gutes geben, wenn du ihn darum bittest!

Lieber Freund, sei dir von Herzen gewiss, dass dir Gott ein **guter Vater** ist. Wenn du also heute etwas brauchst, bitte ihn einfach darum. Und wenn du ihn bittest, glaube, dass du es von ihm empfangen hast, und du wirst es haben!

Du bist
nicht allein
auf dieser Welt.

Du hast einen guten
himmlischen Vater,
der sich zutiefst
für dich interessiert.

Denn so [sehr] hat Gott die Welt geliebt, dass er seinen eingeborenen Sohn gab, damit jeder, der an ihn glaubt, nicht verlorengeht, sondern ewiges Leben hat.

Johannes 3,16

Da erhob Abraham seine Augen und schaute, und siehe, da war hinter ihm ein Widder, der sich mit seinen Hörnern im Gestrüpp verfangen hatte. Und Abraham ging hin und nahm den Widder und brachte ihn als Brandopfer dar anstelle seines Sohnes.

1. Mose 22,13

Er, der sogar seinen eigenen Sohn nicht verschont hat, sondern ihn für uns alle dahingegeben hat, wie sollte er uns mit ihm nicht auch alles schenken?

Römer 8,32

Gott hat dich so sehr geliebt, dass er dir Jesus gab

Gott ist ein guter Gott. Er ist ein Gott der **Liebe**. Doch wir werden niemals wissen, wie sehr Gott uns liebt, solange wir nicht wissen, wie sehr er **Jesus** liebt, denn er hat uns Jesus, seinen geliebten Sohn, gegeben. Erinnerst du dich an die Geschichte von Abraham aus 1. Mose 22? Abrahams Herz muss zerbrochen sein, als er seinen einzigen verheißenen Sohn Isaak den Berg Morija hinaufführte, um ihn zu opfern. Doch letztendlich musste Isaak nicht sterben, denn Gott stellte einen Ersatz zur Verfügung – einen Widder. Der im Dickicht gefangene Widder war in Wirklichkeit ein Bild für Jesus, der eines Tages festgenommen und den Berg Golgatha hinaufgeführt werden würde, um an unserer Stelle für unsere Sünden gekreuzigt zu werden. Mein Freund, Gott liebte seinen Sohn von ganzem Herzen, aber er liebte auch *dich* – und zwar so sehr, dass er bereit war, seinen Sohn für dich hinzugeben. So sehr liebt er dich! Und wenn Gott bereit war, das Beste des Himmels zu geben – Jesus –, glaubst du dann, dass er dir irgendetwas Gutes vorenthalten wird?

Von ihm her seid ihr in Christus Jesus, den Gott für uns zur Weisheit gemacht hat, zur Gerechtigkeit, Heiligung und Erlösung.

1. Korinther 1,30 EÜ

… Christus, in dem alle Schätze der Weisheit und Erkenntnis verborgen sind.

Kolosser 2,2–3 ELB

… ihr seid zur Fülle gebracht in ihm, der das Haupt jeder Herrschaft und Gewalt ist.

Kolosser 2,10

Du hast Jesus? Dann hast du alles!

Wenn du jemanden zutiefst liebst, möchtest du dieser Person dein Allerbestes geben. Um dieser Person deine Liebe zu zeigen, würdest du ihr das geben, was du am meisten schätzest.

Mein Freund, genau das tat Gott, als er dir JESUS schenkte. Jesus ist der Augapfel Gottes, der geliebte Sohn des Himmels. Doch Gott hat ihn für *dich* hingegeben, weil er dich so sehr liebt. Gott will, dass du sein Allerbestes bekommst!

Und Jesus ist das Beste, das Gott für uns hat, denn wenn wir Jesus haben, haben wir ALLES! Jesus ist unsere Weisheit, unsere Gerechtigkeit, unsere Heiligung, unsere Erlösung, unser Erfolg. In ihm sind *alle* Schätze der Weisheit und Erkenntnis verborgen!

Lieber Freund, weil du Christus hast, bist du wirklich reich. Und in Christus bist du ZUR FÜLLE GEBRACHT. Warte nicht darauf, dieses oder jenes zu bekommen, bevor du dich erfüllt fühlst. Du *bist* bereits erfüllt und vollständig in Christus – deinem Ein und Alles!

JESUS CHRISTUS …

Weisheit von oben

Wunderbarer Ratgeber

Licht der Welt

Der Herr, unsere Gerechtigkeit

Erlöser

Zufluchtsburg

Die Auferstehung und das Leben

Friedefürst

Der Herr, unser Versorger

Anfänger und Vollender unseres Glaubens

Der große Arzt

Brot des Lebens

Guter Hirte

Alpha und Omega

Der Weg, die Wahrheit und das Leben

Großer Hohepriester

Der große »Ich bin«

… UNSER EIN UND ALLES

Jesus – dein Ein und Alles, der große »Ich bin«

Als Gott uns Jesus gab, gab er uns alles. Wir sind wirklich reich, weil wir Christus haben, unser **Ein und Alles**.

Mein Freund, wenn du Weisheit brauchst, ist Christus deine Weisheit. Wenn du Gerechtigkeit brauchst, ist Christus deine Gerechtigkeit. Wenn du Heiligung und Erlösung brauchst, ist dir Christus beides. Wenn du Glauben brauchst, ist er dein Glaube.

Wenn du Angst hast, dass deine Chancen schlecht stehen, ist er deine Gunst. Wenn du schwach bist, ist er deine Stärke. Wenn du unruhig und ängstlich bist, ist er dein Friede. Wenn du dich verwundbar fühlst, ist er dein Schild. Wenn du einsam bist, ist er dein treuer Begleiter. Und wenn du krank bist, ist er deine Heilung und Gesundheit.

Lieber Freund, Jesus ist der große »ICH BIN«, und er sagt dir: »ICH BIN für dich in jeder Situation immer *genau das*, was du gerade brauchst!«

Schmecke und sieh, dass der Herr gut ist.
Freuen darf sich, wer auf ihn vertraut!

PSALM 34,9 NLB

… der HERR, dein Gott, verwandelte für dich
den Fluch in Segen, denn der HERR,
dein Gott, hat dich lieb.

5. MOSE 23,6

Daran haben wir die Liebe erkannt,
dass Er sein Leben für uns hingegeben hat …

1. JOHANNES 3,16

Seht, welch eine Liebe hat uns der Vater erwiesen,
dass wir Kinder Gottes heißen sollen!

1. JOHANNES 3,1

Sieh Gottes Liebe und erlebe deine Versorgung

Wenn du deine Sichtweise von dir selbst und Gott veränderst, wirst du Veränderungen in deinen negativen Umständen feststellen.

Das stellte eine Frau aus Tennessee (USA) fest, als sie gerade ihr erfolgloses Unternehmen für Grafikdesign aufgeben wollte. Zu jener Zeit bekam sie mein Buch *Zur Herrschaft bestimmt* geschenkt, das ihre Sichtweise auf sie selbst und auf ihre berufliche Entwicklung völlig veränderte.

Sie sagte: »Meine Einstellung zu mir selbst und vor allem meine Denkweise darüber, **wie sehr Gott mich durch Jesus Christus liebt**, fingen an, sich zu verändern. Allmählich glaubte und sah ich, dass *Jesus* mein Erfolg ist und dass es nicht meine Karriere ist, die mich erfolgreich macht … Innerhalb von zwei Monaten erlebte ich, wie mein Unternehmen zunehmend aus seiner Krise herauskam. Sechs Monate später boomte das Geschäft – ich bekomme jeden Monat Honorare, die ich mir niemals erträumt hätte!«

Lieber Freund, glaube, dass du von deinem Vater im Himmel außerordentlich und unermesslich geliebt *bist*, dann kannst du gar nicht anders, als seine Güte in deinem Leben zu erfahren!

Weisheit zu erwerben ist das Wichtigste im Leben!
Und alles, was du hast, setze dafür ein,
Verstand zu erwerben.

SPRÜCHE 4,7 NLB

In ihrer rechten Hand hält sie [Weisheit]
für dich langes Leben bereit und
in ihrer linken Reichtum und Ehre.

SPRÜCHE 3,16 NLB

Wenn es aber jemand unter euch an Weisheit mangelt,
so erbitte er sie von Gott, der allen gern und ohne
Vorwurf gibt, so wird sie ihm gegeben werden.

JAKOBUS 1,5

Durch ihn aber seid ihr in Christus Jesus,
der uns von Gott gemacht worden ist zur Weisheit …

1. KORINTHER 1,30

Jesus ist deine Weisheit

Gott will, dass wir nach Weisheit streben. Weisheit ist »das Wichtigste im Leben«, sagt er uns. Wir sollen nicht nach Reichtum streben. Denn wenn wir Weisheit haben, werden uns all die Dinge, die wir so gern hätten, folgen – Ehre und langes Leben inbegriffen. Mach also *niemals* Reichtum zu deinem Ziel!

Mein Freund, wenn es dir an Weisheit mangelt, bitte Gott einfach darum. Er wird sie dir »gern und ohne Vorwurf« geben. Die Wahrheit ist, dass er dir bereits Weisheit gegeben hat, als er dir Jesus gab, »der uns von Gott gemacht worden ist zur Weisheit«.

Wenn du also in deinem Arbeitsalltag mit einer herausfordernden Situation konfrontiert bist und nicht weißt, wie du sie lösen kannst, sage: »Jesus, du bist meine Weisheit. Ich danke dir, dass du mich mit der bestmöglichen Lösung versorgen wirst.« Wenn du ein eigensinniges Kind hast, sage: »Jesus, danke für die Weisheit, dieses Kind zu lieben und gut zu erziehen.«

Lieber Freund, du bist überaus gesegnet, weil du Jesus hast, in dem alle Schätze der Weisheit und Erkenntnis liegen!

Denn wenn durch die Übertretung des einen der Tod durch den einen geherrscht hat, so werden viel mehr die, welche den Überfluss der Gnade und der Gabe der Gerechtigkeit empfangen, im Leben herrschen durch den einen, Jesus Christus.

RÖMER 5,17 ELB

Er hat es aber gefügt, dass ihr in Christus Jesus seid, der unsere Weisheit wurde, dank Gott, unsere Gerechtigkeit und Heiligung und Erlösung.

1. KORINTHER 1,30 ZÜB

Aller Lobpreis gebührt Gott, dem Vater unseres Herrn Jesus Christus, der uns mit jedem geistlichen Segen in den himmlischen Regionen gesegnet hat, weil wir mit Christus vereint sind.

EPHESER 1,3 NLT

Gerechtigkeit ist ein Geschenk

Du kannst dir Gottes Segnungen nicht durch deine guten Werke verdienen. Alle seine Segnungen, einschließlich der Segnungen seiner Versorgung, sind in der Person **Jesu** verborgen! Wenn du Jesus hast, besitzt du – allein durch seine unverdiente Gunst – das Geschenk der Gerechtigkeit und den Überfluss der Gnade. Du kannst sie nicht erwerben, erarbeiten oder sie dir verdienen. Es sind Geschenke!

Jesus ist deine Gerechtigkeit, Heiligkeit und Erlösung. Du bist nicht wegen deiner guten Werke gerecht, heilig und erlöst (und gesegnet), sondern weil Gott dich mit seinem Sohn versorgt hat.

Und da Jesus *niemals* versagen oder vom Thron gestoßen werden kann, wird er *immer* deine Gerechtigkeit, Heiligkeit und Erlösung sein! Lege jetzt deine rechte Hand auf dein Herz und sprich Folgendes aus: »Jesus, weil ich dich habe, werde ich durch dein kostbares Blut immer gerecht sein. Sämtliche Segnungen, alle Versorgung und Gunst, die den Gerechten gehören, sind heute mein und ich empfange sie im Glauben! Amen und amen!«

... zum Lob der Herrlichkeit seiner Gnade,
mit der er uns begnadigt hat in dem Geliebten.

EPHESER 1,6

Denn du, HERR, segnest den Gerechten;
du umgibst ihn mit Gnade wie mit einem Schild.

PSALM 5,13

Die Liebe hört niemals auf.

KORINTHER 13,8

Dank Jesus bist du hoch begünstigt!

Die Bibel sagt uns, dass Gott uns »begnadigt hat in dem Geliebten«. Der »Geliebte« bezieht sich hier auf Jesus und das Wort »begnadigt« bedeutet »mit besonderer Ehre versehen« oder »höchst begünstigt«.
Mein Freund, weil du Jesus hast, den von Gott Geliebten, und in ihm deine Heimat hast, bist auch du Gottes geliebter Sohn oder geliebte Tochter – von ihm *zutiefst geliebt* und *höchst begünstigt*!
Nun, da du von Gott in dem Geliebten höchst begünstigt bist, darfst du erwarten, dass du von deinem Ehepartner, deinen Kindern, Kollegen, Kunden und – ja, sogar von deinen Schwiegereltern geschätzt und gemocht wirst! Wenn du sprichst, hören die Leute zu. Wenn du einen Raum betrittst, wird er erhellt. Alles, was du anfasst, wird gesegnet und vermehrt.
Lieber Freund, Gott hütet dich wie seinen Augapfel – darum erwarte, dass dir jeden Tag Gutes widerfährt. Erwarte göttlichen Schutz, denn seine Gunst umgibt dich wie ein Schild. Erwarte, dass er jedes Bedürfnis erfüllen wird, weil er dich aufs Höchste begünstigt. Erwarte Gutes, denn du bist in seinen Augen kostbar!

Als sie aufstand, um wieder Ähren zu sammeln, wies er seine Leute an: »Lasst sie auch zwischen den Garben sammeln und treibt sie nicht weg! Lasst absichtlich Ähren aus den Garben fallen, damit sie sie auflesen kann, und sagt ihr kein unfreundliches Wort!«

Rut 2,15–16 GNB

Der HERR wird dem Segen gebieten, dass er mit dir sei in deinen Scheunen und in allem, was du unternimmst, und er wird dich segnen in dem Land, das dir der HERR, dein Gott, gibt.

5. Mose 28,8

Tritt im Glauben auf dein Feld der Versorgung

Sie sah viel Getreide auf den Feldern und las die ganzen Ähren auf. Es war die dringend benötigte Versorgung für sie selbst und ihre Schwiegermutter. Was Rut dabei nicht wusste, war, dass der Besitzer des Feldes, Boas, seinen Männern sogar befohlen hatte, »**absichtlich** Ähren aus den Garben fallen« zu lassen, weil sie in seinen Augen Gunst gefunden hatte.

Ist es nicht cool, mein Freund, wenn Jesus, unser himmlischer Boas, den Segnungen **mit Absicht befiehlt**, mit uns zu sein, und er seinen Engeln aufträgt, sie auf unseren Weg fallen zu lassen? Wir müssen nichts weiter tun, als auf die Felder zu gehen und die Segnungen »aufzulesen«.

Lieber Freund, weil du in seinen Augen Gnade gefunden hast, lässt der Herr seine Segnungen an jedem einzelnen Tag *absichtlich* auf deinen Weg fallen! Und wie Rut musst du nur auf dein Feld der Versorgung treten. Sieh mit Augen des Glaubens, wie sich Türen zu neuen Möglichkeiten vor dir öffnen. Hab den Mut, dich für den Job zu bewerben, von dem du schon immer geträumt hast. Sei gut vorbereitet und gerüstet – und dann geh los, um die Segnungen aufzusammeln, die unser Herr bereits vor dich hingelegt hat. Du hast eine strahlende Zukunft vor dir!

Denn so sehr hat Gott
dich geliebt,
dass er dir sein Bestes gab:
JESUS.

Weil du

JESUS

hast, hast du

ALLES!

Da wir nun aus Glauben gerechtfertigt sind,
so haben wir Frieden mit Gott
durch unseren Herrn Jesus Christus.

RÖMER 5,1

Denn Er ist unser Friede, der aus beiden eins gemacht
und die Scheidewand des Zaunes abgebrochen hat.

EPHESER 2,14

Was wollen wir nun hierzu sagen?
Ist Gott für uns, wer kann gegen uns sein?

RÖMER 8,31

Wer kann gegen dich sein?

Mein Freund, glaubst du heute, dass Gott für dich und nicht gegen dich ist? Weißt du, der größte Segen, den man nur haben kann, ist **Friede mit Gott** durch Jesus Christus. Die zweifelsfreie Gewissheit, dass alle deine Sünden vergeben sind, ist das größte Geschenk, das dir auf Golgatha vermacht wurde.

Jesus nahm am Kreuz alle deine Sünden auf sich. Er nahm Gottes brennenden Zorn und das Gericht gegen alle deine Sünden – vergangene, gegenwärtige und zukünftige – vollständig in sich auf, sodass dir vollkommen vergeben werden konnte und du ewigen Frieden mit Gott haben kannst.

Heute steht also nichts mehr zwischen dir und Gott: keine Sünde, keine Scham und keine Verdammnis! Und wenn Gott für dich ist, wer kann dann gegen dich sein? Also, was wirst du heute tun, da du weißt, dass all seine Gunst, Weisheit, himmlische Versorgung und Segnungen dir den Rücken stärken und du nicht versagen kannst?

Er aber, der Herr des Friedens, gebe euch den Frieden allezeit und auf alle Weise! Der Herr sei mit euch allen!

2. Thessalonicher 3,16

Frieden hinterlasse ich euch; meinen Frieden gebe ich euch. Nicht wie die Welt gibt, gebe ich euch; euer Herz erschrecke nicht und verzage nicht!

Johannes 14,27

Sorgt euch um nichts; sondern in allem lasst durch Gebet und Flehen mit Danksagung eure Anliegen vor Gott kundwerden. Und der Friede Gottes, der allen Verstand übersteigt, wird eure Herzen und eure Gedanken bewahren in Christus Jesus!

Philipper 4,6–7

Jesus – der Friedefürst

Egal, vor welcher Herausforderung, Krise oder Situation du heute stehst, lass den Frieden, mit dem Jesus dich versorgt, in und durch dich fließen. Jesus ist der Friedefürst. Er kam, um dir Frieden zu bringen und dein Herz selbst in den stürmischsten Zeiten zu verankern und zu festigen.

Ganz gleich, wie heftig der Sturm erscheint, wie hoch die Arbeitslosenzahlen sind oder wie stark die Weltwirtschaft einbricht, lass seinen Frieden in deinem Herzen und Verstand uneingeschränkt herrschen. Es ist ein Friede, der alles menschliche Verstehen übersteigt und dir Sicherheit, geistige Gesundheit, Stabilität und sogar einen ruhigen Schlaf schenkt.

Wie kannst du dafür sorgen, dass dein Herz weder erschrickt noch verzagt? Indem du heute direkt vom Friedefürst eine frische Portion vollkommenen Frieden empfängst. Verwandle deine Sorgen in Gebete. Sein starker Friede wird dich wohlbehalten durch jeden Sturm bringen!

Mein Lieber, ich wünsche dir
in allen Dingen Wohlergehen und Gesundheit,
so wie es deiner Seele wohlgeht!

3. Johannes 1,2

... immerdar sollen sie sprechen:
Groß erweist sich der HERR, der Gefallen hat
am Wohlergehen seines Dieners.

Psalm 35,27 ZÜB

Fürchte dich nicht, du kleine Herde;
denn es hat eurem Vater gefallen,
euch das Reich zu geben.

Lukas 12,32

Der Herr wünscht sich von Herzen, dass du gesegnet bist

Als Johannes, der Apostel der Liebe, seinen dritten Brief schrieb, war er bereits ein älterer Mann, der viele Jahre mit dem Herrn gelebt hatte. Wenn irgendjemand wusste, was der Herr sich für seine Menschen wünschte, dann war es Johannes.

Johannes wusste ohne den geringsten Zweifel, dass der Herr sich für seine Menschen von Herzen wünscht, dass sie gesegnet und gesund sind, so wie es ihren Seelen wohlergeht. Gottes Herz hat einfach Freude daran, wenn seine Menschen in **jedem Bereich** ihres Lebens seine Segnungen erfahren.

Lieber Freund, der Herr *freut* sich, wenn du glücklich und gesund bist und deine Ehe, deine Kinder und dein Berufsleben genießt. Er freut sich, wenn du deine Familie ernähren kannst und mehr als genug hast, um für die Menschen um dich herum ein Segen zu sein.

Denn wenn infolge der Übertretung des einen der Tod zur Herrschaft kam durch den einen, wie viel mehr werden die, welche den Überfluss der Gnade und das Geschenk der Gerechtigkeit empfangen, im Leben herrschen durch den Einen, Jesus Christus!

RÖMER 5,17

… damit, wie die Sünde geherrscht hat im Tod, so auch die Gnade herrsche durch Gerechtigkeit zu ewigem Leben durch Jesus Christus, unseren Herrn.

RÖMER 5,21

Der Dieb kommt nur, um zu stehlen, zu töten und zu verderben; ich bin gekommen, damit sie das Leben haben und es im Überfluss haben.

JOHANNES 10,10

Der Glaube kommt also aus dem Hören der Botschaft und die Verkündigung aus dem Wort von Christus.

RÖMER 10,17 NEÜ

Jesus will, dass du im Leben herrschst!

Sicher weißt du, dass Römer 5,17 ein Vers ist, über den ich liebend gern predige. Er besagt, dass diejenigen, die den Überfluss der Gnade und das Geschenk der Gerechtigkeit empfangen, **im Leben herrschen** werden durch Jesus Christus!

Mein Freund, wenn du im Leben herrschst, herrschst du über Sünde und zerstörerische Abhängigkeiten. Du herrschst über Krankheit und Schwäche. Du herrschst über Armut und Mangel. Mit anderen Worten, du herrschst über alles, was dich davon abhalten könnte, das *überfließende Leben* zu erfahren, das Jesus dir durch seinen Tod ermöglicht hat!

Lieber Freund, der Herr wünscht sich, dass du im Leben herrschst. Je mehr du die Offenbarung von dem Überfluss der Gnade und dem Geschenk der Gerechtigkeit empfängst, desto stärker wirst du Gottes überreichliche Versorgung für jeden Bereich deines Lebens erfahren. Wir wissen, dass der Glaube aus dem Hören der Botschaft kommt und die Verkündigung aus dem Wort Christi, darum höre immer gut zu, wenn vom Überfluss der Gnade und von dem Geschenk der Gerechtigkeit gepredigt wird. Je mehr du darüber hörst, desto mehr wirst du empfangen.

Sag allen, die in dieser gegenwärtigen Welt reich sind, sie sollen nicht stolz sein und nicht auf ihr Geld vertrauen, das bald vergehen wird. Stattdessen sollen sie ihr Vertrauen auf den lebendigen Gott setzen, der uns alles reichlich gibt, was wir brauchen, damit wir uns daran freuen und es genießen können.

1. Timotheus 6,17 NLB

Gesegnet ist der Mann, der auf den HERRN vertraut und dessen Zuversicht der HERR geworden ist! Denn er wird sein wie ein Baum, der am Wasser gepflanzt ist und seine Wurzeln am Bach ausstreckt, der die Hitze nicht fürchtet, wenn sie kommt, sondern seine Blätter bleiben grün; auch in einem dürren Jahr braucht er sich nicht zu sorgen, und er hört nicht auf, Frucht zu bringen.

Jeremia 17,7–8

Vertraue ganz auf Jesus

Die Bibel sagt uns deutlich, dass wir unser Vertrauen nicht auf Geld setzen sollen. Wir sollten uns niemals auf Geld fokussieren und Geld anzuhäufen sollte niemals unser Ziel sein. Es ist nicht klug, auf unsicheren Reichtum zu vertrauen.
Richte deinen Blick stattdessen auf Jesus und vertraue voll und ganz seiner Person. Begehe nicht den Fehler, hinter der Versorgung her zu sein und dabei den Versorger zu übersehen. Das Wort erklärt, dass es Gott ist, der uns **alles reichlich gibt, was wir brauchen, damit wir uns daran freuen und es genießen können**.
Lieber Freund, wenn du Jesus hast, hast du alles. Du hast Frieden, Gerechtigkeit, Vergebung, Weisheit, Gesundheit, Kraft, Versorgung, Gunst und jeden Segen. **Das** ist wahres Wohlergehen und guter Erfolg. Verankere dich also in Jesus und nicht in materiellen Dingen.

Denn ich nahm mir vor, nichts anderes unter euch zu wissen als nur Jesus Christus, und ihn als gekreuzigt.

1. Korinther 2,2 ELB

Denn ich schäme mich des Evangeliums von Christus nicht; denn es ist Gottes Kraft zur Errettung für jeden, der glaubt.

Römer 1,16

Bei dem HERRN ist die Rettung. Dein Segen sei über deinem Volk!

Psalm 3,9

Es geht allein um Jesus

Durch meine Fernsehsendung erhielt ein Ehepaar in South Dakota (USA) die Offenbarung, dass es beim Leben als Christ und in der Versorgung Gottes allein um die Person Jesu und sein vollbrachtes Werk geht. Von ganzem Herzen fingen sie an, ihr Augenmerk »allein auf Jesus zu richten«.

Sie erzählten mir, dass sie ab dem Zeitpunkt, als sie ihren Fokus auf Jesus richteten, einen Durchbruch nach dem anderen erlebten. Mitglieder ihrer Familie wurden von Infektionen, Fibromyalgie und Perniziosa, einer Vitamin-B12-Mangel-Anämie, geheilt. Außerdem erhielt ihre Tochter ein Teilstipendium von einer christlichen Universität. Zwei Tage, bevor sie an die Uni ging, kamen auf wundersame Weise weitere Schecks herein, die genau die Kosten für das erste Studienjahr deckten. Mit Begeisterung berichteten die beiden: »Wir sind überwältigt, wie sehr sich unsere Familie verändert hat, seitdem wir in *Jesus* ruhen und in dem, was *er* getan hat!«

Lieber Freund, mach dich auf Durchbrüche gefasst, wenn du dein Vertrauen auf Jesus setzt. Er liebt dich!

KAPITEL 2

Komme zuversichtlich zu einem Gott der Fülle

Abram aber sprach zu dem König von Sodom:
Ich hebe meine Hand auf zu dem HERRN,
zu Gott, dem Allerhöchsten, dem Besitzer
des Himmels und der Erde.

1. Mose 14,22

Denn mein ist alles Getier des Waldes,
das Vieh auf tausend Bergen.

Psalm 50,10 ELB

Er, der sogar seinen eigenen Sohn nicht verschont hat,
sondern ihn für uns alle dahingegeben hat, wie sollte er
uns mit ihm nicht auch alles schenken?

Römer 8,32

Hab also keine Angst, kleine Herde.
Denn es macht eurem Vater große Freude,
euch das Reich Gottes zu schenken.

Lukas 12,32 NLB

Sei frei von Mangel

Glaubst du, dass unser Gott ein GROSSER Gott der Fülle und der unerschöpflichen Versorgung ist? Er besitzt den Himmel und die Erde. *Unser Gott ist kein knickriger Geizhals.* Er ist *El-Schaddai*, der Allmächtige, der Allgenügende und der Allernährende! Und in Christus kannst du die Fülle von Gottes Weisheit, Gunst, Befähigung, Kraft und Kreativität erfahren und genießen, die du für eine funktionierende Familie, eine erfolgreiche Karriere und einen gelingenden Dienst brauchst.

Ich möchte dich herausfordern, aus einer Mentalität des Mangels auszubrechen, indem du dich entscheidest, deinen Blick auf einen Gott der Fülle zu richten. Er hat dir seine unbegrenzten Ressourcen zur Verfügung gestellt, weil du sein geliebtes Kind bist.

Woran fehlt es dir heute? Brauchst du eine Arbeitsstelle? Benötigst du mehr Zeit? Oder fühlst du dich durch Familie und Beruf einfach überfordert? Anstatt den Mangel zu sehen, fange an, einen GROSSEN Gott zu sehen, der dich aus seiner Fülle heraus versorgt – mit einem Job, den du lieben wirst, mit Weisheit für dein Zeitmanagement und mit Schalom-Frieden bei der Arbeit und zu Hause.

Der Geist selbst gibt Zeugnis zusammen mit unserem Geist, dass wir Gottes Kinder sind. Wenn wir aber Kinder sind, so sind wir auch Erben, nämlich Erben Gottes und Miterben des Christus; …

RÖMER 8,16–17

Gepriesen sei der Gott und Vater unseres Herrn Jesus Christus! Er hat uns gesegnet mit jeder geistlichen Segnung in der Himmelswelt in Christus.

EPHESER 1,3 ELB

Da seine göttliche Kraft uns alles zum Leben und zur Gottseligkeit geschenkt hat durch die Erkenntnis dessen, der uns berufen hat durch seine eigene Herrlichkeit und Tugend.

2. PETRUS 1,3 ELB

Wenn nun ihr, die ihr böse seid, euren Kindern gute Gaben zu geben versteht, wie viel mehr wird euer Vater im Himmel denen Gutes geben, die ihn bitten!

MATTHÄUS 7,11

Es ist Zeit, dein Denken zu ändern

Ich bin zu jung. Ich bin zu alt. Ich habe nicht die nötige Erfahrung. Die stellen nur Hochschulabsolventen ein. Wenn du einen Job suchst und dein Verstand von solchen Gedanken in Beschlag genommen wird, haben dich deine Gedanken schon besiegt, bevor du überhaupt zu einem Vorstellungsgespräch gehst.

Es ist Zeit, dein Denken zu ändern. Als Kind Gottes bist du sein Erbe und Miterbe mit Christus. Das bedeutet, dass du dieselbe ungetrübte Gunst hast wie Jesus. Mach dich also im Glauben auf und erwarte, dass seine Gunst dir Türen öffnet und dir die Arbeitsstelle verschafft, die du dir wünschst – ungeachtet deiner natürlichen Begrenzungen.

Nachdem eine Dame Mitte fünfzig in meiner Gemeinde mich darüber hatte sprechen hören, änderte sie ihr Denken. Sie beschloss, auf die unverdiente Gunst des Herrn zu vertrauen, schrieb ihren Lebenslauf und verschickte ihn im Glauben. Noch in derselben Woche wurde sie von zwei verschiedenen Firmen zu Vorstellungsgesprächen eingeladen, die zu zwei Stellenangeboten führten! Sie suchte sich eine der Stellen aus und ist dort nun seit fünf Jahren beschäftigt!

GOTT, *dem das Universum gehört, ist dein* **HIMMLISCHER VATER.**

Du bist
Gottes KIND,
sein ***ERBE*** *und ein*
MITERBE
mit Jesus.

Denn ihr kennt ja die Gnade unseres Herrn Jesus Christus, dass er, obwohl er reich war, um euretwillen arm wurde, damit ihr durch seine Armut reich würdet.

2. Korinther 8,9

Nachdem sie ihn ans Kreuz genagelt hatten, würfelten die Soldaten um seine Kleider.

Matthäus 27,35 NLB

… du wirst vielen Völkern leihen; du aber wirst dir nichts ausleihen müssen. Und der HERR wird dich zum Haupt setzen und nicht zum Schwanz; …

5. Mose 28,12–13

Der göttliche Austausch

Der Apostel Paulus teilt uns in 2. Korinther 8,9 mit, dass Jesus um unseretwillen arm wurde, damit wir durch seine Armut reich gemacht würden. Am Kreuz nahm Jesus unsere ganze Sünde und Armut auf sich. Er wurde gedemütigt, bespuckt und nackt ausgezogen. Die römischen Soldaten spielten sogar um seine Kleidung.

Der Eine, der mehr als 5000 Menschen mit Nahrung versorgte, Fischern eine netzzerreißende, bootversenkende Ladung Fisch schenkte und Gold, Diamanten und Rubine in der Erde verborgen hat, nahm am Kreuz deinen Platz der Armut ein, nur damit *du* seinen Platz der Fülle einnehmen kannst. Auf Golgatha fand ein göttlicher Austausch statt – deine Sünde wurde gegen seine Gerechtigkeit und deine Armut gegen seine Versorgung eingetauscht.

Mein Freund, Jesus ist der Grund, warum du der Kopf und nicht der Schwanz, nur oben und nicht unten, der Kreditgeber und nicht der Kreditnehmer sein kannst. ER ist der Grund, weshalb du gesegnet sein kannst, um selbst ein Segen zu sein!

Darum sollt ihr nicht sorgen und sagen:
Was werden wir essen?, oder: Was werden wir
trinken?, oder: Womit werden wir uns kleiden?
Denn nach allen diesen Dingen trachten die Heiden,
aber euer himmlischer Vater weiß,
dass ihr das alles benötigt.

MATTHÄUS 6,31–32

Gesegnet wird sein die Frucht deines Leibes und
die Frucht deines Landes, die Frucht deines Viehs,
der Wurf deiner Rinder und die Zucht deiner Schafe.
Gesegnet wird sein dein Korb und dein Backtrog.
Gesegnet wirst du sein bei deinem Eingang
und gesegnet bei deinem Ausgang. Der HERR wird
deine Feinde, die sich gegen dich auflehnen,
vor dir geschlagen dahingeben; auf einem Weg
werden sie gegen dich ausziehen und auf sieben Wegen
vor dir fliehen. Der HERR wird dem Segen gebieten,
dass er mit dir sei in deinen Scheunen und in allem,
was du unternimmst …

5. MOSE 28,4–8

Gott ist ein lebensnaher Gott

Unser Gott ist ein **lebensnaher** Gott, der daran interessiert ist, für deine täglichen Bedürfnisse zu sorgen. Sieh dir nur an, wie in den vier Evangelien über Jesus berichtet wird.

Wer Hunger hatte, dem gab er Nahrung, indem er die Brote und Fische vermehrte. Den Fischern, die die ganze Nacht gearbeitet und nichts gefangen hatten, gab er mehr als eine Bootsladung Fisch. Und Jesus tat noch mehr – egal, welche Menschen ihm begegneten, sie erhielten von ihm, was sie brauchten. Jesus heilte die zerbrochenen Herzen und gab den Blinden das Augenlicht. Alle Kranken, die zu ihm kamen, wurden geheilt. Sogar die Toten empfingen sein Auferstehungsleben!

Mein Freund, Jesus ist derselbe, gestern, heute und in Ewigkeit! Er versorgt uns immer noch. Was immer du also heute brauchst – ob Weisheit, Gunst, Heilung oder göttliche Stärke –, geh zu ihm. Er ist ein lebensnaher Gott.

Und was eure eigenen Bedürfnisse angeht,
so wird derselbe Gott, der für mich sorgt,
auch euch durch Jesus Christus mit allem versorgen,
was ihr braucht – er, der unerschöpflich reich ist
und dem alle Macht und Herrlichkeit gehört.

PHILIPPER 4,19 NGÜ

Gepriesen sei der Herr, der uns täglich
mit Wohltaten belädt, der Gott unseres Heils!

PSALM 68,19 KJV

Ein Geschenk öffnet viele Türen und kann dir
Zugang zu einflussreichen Leuten verschaffen.

SPRÜCHE 18,16 HFA

Die Seele des Faulen gelüstet nach vielem
und hat doch nichts, die Seele der Fleißigen aber
wird reichlich gesättigt.

SPRÜCHE 13,4

Gottes Gnade versorgt immer

Als Jesus schrie: »Es ist vollbracht!«, stürzte die Mauer der Sünde ein, die uns von Gott trennte, und Gott ließ seine Gnade wie eine Flut über uns hereinbrechen. Diese Gnade fließt uns auch heute noch zu, versorgt uns mit allem, was wir in diesem Leben brauchen, und beschenkt uns täglich großzügig mit Wohltaten!

Mein Freund, das Wesen der Gnade Gottes ist VERSORGUNG. Wenn du dir anstatt der Forderungen dieser Welt seiner Versorgung bewusst bist, stehst du unter seiner Gnade. Dann wirst du seine überreichliche Versorgung für alle Bedürfnisse und Situationen erleben.

Wenn du also Schwierigkeiten hast, einen Job zu finden, vertraue Gott wegen einer Anstellung und erkenne darüber hinaus, wie der Herr die noch ruhenden Gaben und Fähigkeiten entfacht, die er bereits in dich hineingelegt hat. Und wenn du in diesen Gaben wächst, so sagt es das Wort Gottes, werden sie dir zur richtigen Zeit Möglichkeiten eröffnen und dich mit einflussreichen Leuten zusammenbringen. Glaube nicht nur, dass du eingestellt wirst, sondern glaube auch, dass Gott dich für eine einflussreiche Position in deinem Berufsfeld vorbereitet, aufbaut und weiterentwickelt!

Ein anderer Jünger, Andreas, der Bruder von Simon Petrus, meldete sich zu Wort: »Hier ist ein kleiner Junge mit fünf Gerstenbroten und zwei Fischen. Doch was nützt uns das bei so vielen Menschen?« »Sagt den Leuten, sie sollen sich hinsetzen«, befahl Jesus. Da ließen sich alle – allein die Männer zählten schon fünftausend – auf den grasbewachsenen Hängen nieder. Dann nahm Jesus die Brote, dankte Gott und reichte sie den Menschen, wie viel sie auch wollten. Ebenso machte er es mit den Fischen. Und alle aßen, bis sie satt waren. »Sammelt die Reste wieder ein«, wies Jesus seine Jünger an, »damit nichts umkommt.« Am Anfang waren es nur fünf Gerstenbrote gewesen, doch nach dem Essen wurden zwölf Körbe mit den Brotresten gefüllt, die übrig geblieben waren!

JOHANNES 6,8–13 NLB

Lege es in seine Hände

Als Jesus die fünf Brote und zwei kleinen Fische sah, sah er im Gegensatz zu seinen Jüngern nicht die im Natürlichen unmögliche **Forderung**, die an ihn gestellt wurde, nämlich 5000 Männer (Frauen und Kinder nicht eingerechnet) mit dem kleinen Mittagessen eines Jungen zu speisen. Er sah stattdessen die übernatürliche **Versorgung**, die im Königreich seines Vaters vorhanden ist.

Das Ergebnis? Die Leute bekamen nicht nur zu essen, bis sie pappsatt waren, sondern es blieben auch noch zwölf Körbe mit Resten übrig!

Mein Freund, bist du heute in einer Situation, in der es dir an etwas fehlt? Vielleicht findest du nicht ausreichend Zeit, um deine Arbeit zu erledigen, und auch nicht genügend gemeinsame Zeit mit deiner Familie. Warum legst du deine Zeit nicht in Jesu Hände, damit er sie vermehren kann, so wie er es mit den fünf Broten und zwei kleinen Fischen getan hat? Jesus wird dir Weisheit schenken, wie du deine Zeit am besten nutzen kannst.

Probiere es einfach aus. Bringe dein Weniges zu Jesus! Welche Kleinigkeit du ihm auch in die Hände legst, er wird sie vermehren und es wird noch viel übrig bleiben!

*Als er aber von dem Berg herabstieg,
folgte ihm eine große Volksmenge nach. Und siehe,
ein Aussätziger kam, fiel vor ihm nieder und sprach:
Herr, wenn du willst, kannst du mich reinigen!
Und Jesus streckte die Hand aus, rührte ihn an
und sprach: Ich will; sei gereinigt! Und sogleich
wurde er von seinem Aussatz rein.*

MATTHÄUS 8,1–3

*Dem aber, der über alles hinaus zu tun vermag,
über die Maßen mehr, als wir erbitten oder erdenken,
gemäß der Kraft, die in uns wirkt …*

EPHESER 3,20 ELB

Über alle Erwartungen hinaus

Wenn der Herr dich segnet, dann immer mit mehr als dem, was du erwartest. Bei der Heilung des Aussätzigen streckte Jesus die Hand aus, berührte den Aussätzigen und sagte: »Ich will; sei gereinigt!« Und sofort wurde der Mann geheilt.

Mein Freund, hast du bemerkt, dass Jesus den Aussätzigen zuerst *berührte* und ihn dann heilte? Ich liebe diese kleinen Gesten von Jesus! Diese einfache Berührung gab dem Mann, der lange Zeit nicht berührt worden war, ein Gefühl von Menschlichkeit und Würde zurück. Wegen seines unreinen und körperlich abstoßenden Zustands wollte ihm niemand nahe sein, geschweige denn ihn berühren.

Jesus wusste, dass der Aussätzige mehr als nur körperliche Heilung brauchte, also gab er ihm weitaus mehr als das, was dieser sich erhofft hatte. Lieber Freund, das ist die Liebe und die über die Maßen versorgende Gnade deines Retters! Was fehlt dir heute? Du darfst ohne jeden Zweifel wissen, dass Jesu Versorgung alle deine Erwartungen übertreffen wird!

Bitte GROSS.
Träume GROSS.

JESUS wird
ALLE *deine*
Erwartungen
übertreffen!

… Ich bin gekommen, damit sie das Leben haben und genießen, und es im Überfluss haben (zur Fülle, bis es überquillt).

JOHANNES 10,10 AMP

Jesus spricht zu ihm: Thomas, du glaubst, weil du mich gesehen hast; glückselig sind, die nicht sehen und doch glauben!

JOHANNES 20,29

Und immer wieder [sollen sie] sagen: »Der Herr ist groß! Er sorgt dafür, dass sein Vertrauter in Glück und Frieden leben kann.«

PSALM 35,27 GNB

Eine nachlässige Hand macht arm, aber eine fleißige Hand macht reich.

SPRÜCHE 10,4

Der Gott der Fülle

Eine Frau in meiner Gemeinde hörte mich über Johannes 10,10 predigen – darüber, dass Jesus kam, damit wir das Leben haben und es in Fülle haben. Von diesem Moment an begann die Offenbarung eines Gottes der Fülle in ihr Wirkung zu zeigen.

Als Waise war diese Frau in extremer Armut aufgewachsen. Als sie jedoch anfing, über ihren Gott der Fülle zu meditieren, änderten sich die Dinge allmählich. Sie entwickelte große Träume und gründete eine Firma, um diese Träume zu verwirklichen. Heute ist ihr einst kleines Unternehmen riesig, an der Börse notiert und in seiner Branche weltweit führend. Ihr Privatvermögen liegt in dreistelliger Millionenhöhe.

Als einer der bescheidensten Menschen, denen man je begegnen kann, hat diese Frau immer die Wendung »der Gott der Fülle« auf den Lippen. Wenn man sie nach dem Geheimnis ihres Erfolgs fragt, sagt sie stets mit einem sanften Lächeln: »Mein Gott der Fülle hat mich gesegnet.« Mein Freund, sei ermutigt und fange heute an, Gott als deinen Gott der FÜLLE zu sehen!

Es geschah aber auch an einem anderen Sabbat, dass er in eine Synagoge ging und lehrte; und dort war ein Mensch, dessen rechte Hand verdorrt war. … Und indem er sie alle ringsumher ansah, sprach er zu dem Menschen: Strecke deine Hand aus! Der aber tat es, und seine Hand wurde wiederhergestellt [und war] gesund wie die andere.

LUKAS 6,6.10

Denk vielmehr an Jahwe, deinen Gott, denn er gibt dir die Kraft, Vermögen zu schaffen.

5. MOSE 8,18 NEÜ

Wiederherstellung deiner Leistungskraft

Lass dich durch das Wissen stärken, dass mit jeder Segnung des Herrn, die du erfährst, viele weitere Segnungen auf dich zukommen. So, wie es viele Samen in einer Frucht gibt, enthält jeder Segen Jesu viele Samen, die dir und deiner Familie laufend weitere Segnungen bringen.

Denk nur, wie Jesus den Mann mit dem verdorrten Arm heilte. Im Lukasevangelium wird berichtet, dass die *rechte Hand* des Mannes verdorrt war. Die rechte Hand ist ein Bild für Stärke und Leistungskraft. Dieser Mann hatte nicht nur seine Kraft, sondern auch seine Leistungsfähigkeit verloren! Als Jesus also die rechte Hand dieses Mannes heilte, vollbrachte er nicht nur ein Heilungswunder, sondern gab diesem Mann auch die Kraft und Fähigkeit zurück, für sich und seine Familie zu sorgen! Halleluja!

Ist deine Stärke und Leistungskraft heute »verdorrt«? Jesus sagt zu dir: »Streck deine Hand aus, sei geheilt und vollständig wiederhergestellt mit der Kraft, für dich und deine Familie zu sorgen!«

Und Jesus nahm die Brote, sagte Dank und teilte sie den Jüngern aus, die Jünger aber denen, die sich gesetzt hatten; ebenso auch von den Fischen, so viel sie wollten. Und als sie gesättigt waren, sprach er zu seinen Jüngern: Sammelt die übrig gebliebenen Brocken, damit nichts verdirbt! Da sammelten sie und füllten zwölf Körbe mit Brocken von den fünf Gerstenbroten, die denen übrig geblieben waren, welche gegessen hatten.

Johannes 6,11–13

Gott kann alles tun, wisst ihr – weit mehr, als ihr jemals erahnen, erbitten oder euch in euren kühnsten Träumen vorstellen könntet! Er tut es …, indem er durch seinen Geist tief und sanft in uns wirkt.

Epheser 3,20 MSG

Du kannst seine Mittel nicht erschöpfen

Schauen wir uns noch einmal das Wunder an, das Jesus bei der Speisung der 5000 vollbrachte. Es ist das einzige der von Jesus gewirkten Wunder, das in allen vier Evangelien festgehalten ist! Jesus zeigt uns damit deutlich, dass wir alle verborgenen Offenbarungen aus diesem Wunder herausziehen sollen. Bist du bereit?

Nun, hast du bemerkt, dass Johannes festhält, dass die Menschen aßen »so viel sie wollten«, bis »sie GESÄTTIGT waren«? Mit anderen Worten, sie aßen und aßen, bis sie nicht mehr konnten! **Jeder aß nach Herzenslust** und trotzdem blieb noch jede Menge übrig – zwölf Körbe voll, um genau zu sein!

Gottes Versorgungsangebot wird deinen Bedarf immer übersteigen! Er ist ein solch GROSSER Gott und es gibt nichts, was er nicht tun kann. Mein Freund, verlasse dich nicht auf die Welt, wenn du etwas brauchst. Sei weise – meide leicht zu bekommende Kredite mit exorbitanten Zinssätzen, die sich im Kleingedruckten verstecken. Du verfängst dich sonst in einem Schuldenkreislauf, der dich finanziell ausbluten lässt. Baue auf Jesus, seine Wege und auf seine Mittel, die niemals versiegen!

Elisa sprach zu ihr: Was soll ich für dich tun? Sage mir, was hast du im Haus? Sie antwortete: Deine Magd hat nichts im Haus als nur einen Krug mit Öl! Er sprach: Geh hin und erbitte dir draußen Gefäße von allen deinen Nachbarinnen, leere Gefäße, und nimm nicht wenige; und geh hinein und schließe die Tür hinter dir und deinen Söhnen zu und gieße [Öl] in alle diese Gefäße; und was voll ist, trage weg! Und sie ging von ihm weg und schloss die Tür hinter sich und ihren Söhnen zu; die brachten ihr [die Gefäße], und sie goss ein. Und es geschah, als die Gefäße voll waren, da sprach sie zu ihrem Sohn: Reiche mir noch ein Gefäß her! Er sprach zu ihr: Es ist kein Gefäß mehr hier! Da versiegte das Öl. Und sie kam und erzählte es dem Mann Gottes. Und er sprach: Geh hin, verkaufe das Öl und bezahle deine Schuld; du aber und deine Söhne, ihr könnt von dem Übrigen leben!

2. Könige 4,2–7

Begleiche zuerst deine Schulden

Elisa trug einer armen Witwe auf, sie solle so viele leere Gefäße wie möglich holen und ihren letzten Krug Öl in die Gefäße gießen. Sie tat, wie ihr gesagt wurde, und auf wundersame Weise floss das Öl immer weiter. Es hörte erst auf, als ihr die Gefäße ausgingen. Elisa sagte ihr dann, sie solle das Öl verkaufen, ihre Schuld bezahlen und auf kluge Weise von dem Überschuss leben.

Mein Freund, ich möchte, dass du hier zwei wichtige Dinge siehst. Erstens hörte die Versorgung erst auf, **als die Nachfrage nach Gottes Versorgung aufhörte**. Ich möchte dich ermutigen, niemals aufzuhören, dich wegen deiner Versorgung an Jesus zu wenden.

Zweitens, wenn du Schulden hast, ist deine erste Priorität, deine Schulden zu begleichen – Elisa sagte der Witwe: »Verkaufe das Öl und **bezahle deine Schuld**.« Und wenn du deine Schulden beglichen hast, lerne, mit deinen derzeitigen Mitteln zurechtzukommen. Nimm diese lebensnahe Weisheit aus Gottes Wort ernst – ohne sie wirst du nicht in der Lage sein, seine Versorgung zu *fassen*.

Jesu Mittel sind
UNERSCHÖPFLICH.

Lass dich
VON IHM
versorgen.

*Da sprach einer von seinen Jüngern,
Andreas, der Bruder des Simon Petrus, zu ihm:
Es ist ein Knabe hier, der hat fünf Gerstenbrote
und zwei Fische; doch was ist das für so viele?*

JOHANNES 6,8–9

*Verachte diese kleinen Anfänge nicht,
denn der Herr freut sich, wenn das Werk beginnt,
wenn er das Senkblei in Serubbabels Hand sieht.*

SACHARJA 4,10 NLT

*… das Schwache in der Welt hat Gott erwählt, um das
Starke zuschanden zu machen. Und das Niedrige
in der Welt und das Verachtete hat Gott erwählt: das,
was nichts ist, um das, was etwas ist, zu vernichten,
damit kein Mensch sich rühmen kann vor Gott.*

1. KORINTHER 1,27–29 EÜ

*Die Hand der Fleißigen wird herrschen,
eine lässige aber muss Zwangsarbeit verrichten.*

SPRÜCHE 12,24

Verachte die kleinen Anfänge nicht

Es ist interessant zu sehen, dass Gott die kleinen Dinge nie verachtet.

Als der Junge seine fünf Brote und zwei Fische mitbrachte, machte sich der Jünger Andreas darüber lustig. Herablassend tätschelte er dem Jungen den Kopf und sagte zu Jesus: »Was ist das schon für so viele?« Gott hingegen verachtete das bescheidene Mittagessen des Jungen ganz und gar nicht.

Mein Freund, verachte nicht die kleinen Dinge, die du im Moment hast. Betrachte sie als deine eigenen »fünf Brote und zwei Fische«, auch wenn dich die Leute aus deinem Umfeld verspotten und herabsetzen. Gewöhne dir an, solche Menschen nicht zu beachten und lege dein Weniges vor Jesus hin. Du und ich haben keine Macht, etwas zu vermehren, Jesus aber schon!

Was auch immer du in deinem Berufsleben, deinem Dienst oder deinem Unternehmen gerade aufbaust, verachte nicht den Tag der kleinen, bescheidenen und scheinbar unbedeutenden Anfänge. Beziehe Jesus mit ein und erlaube seiner Gunst, Weisheit und Macht, die kleinen Dinge in deinen Händen zu vermehren und wachsen zu lassen.

Dann befahl er [Elisa]:
»Öffne das Fenster nach Osten.« Der König öffnete es.
Schließlich sagte er: »Schieß!« Und der König schoss
den Pfeil ab. Da prophezeite Elisa: »Das ist der Pfeil
der Rettung des Herrn, er bringt den Sieg
über Aram, denn du wirst die Aramäer bei Afek
endgültig besiegen. Nun nimm die übrigen Pfeile
und schlage sie auf den Boden.« Der König nahm sie
und schlug drei Mal damit auf den Boden,
dann hörte er auf. Da wurde der Mann Gottes
sehr zornig mit ihm. »Du hättest fünf oder sechs Mal
auf den Boden schlagen sollen!«, rief er.
»Dann hättest du Aram für immer vernichtet.
Nun wirst du es nur drei Mal besiegen.«

2. Könige 13,17–19 NLB

Dir gehört der vollständige Sieg

Gott war bereit, ihm den vollständigen Sieg zu geben. Er musste nichts weiter tun, als ihn mutig zu fordern und zu nehmen. Man sollte meinen, dass das eine einfache Sache ist, oder nicht?

Aber König Joasch ließ es lieber ruhig angehen. Als der Prophet Elisa ihm sagte, dass Gott ihm den Sieg über die Aramäer geben würde, und ihn anwies, mit ein paar Pfeilen auf den Boden zu schlagen, um das Ausmaß seines Sieges darzustellen, schlug König Joasch die Pfeile nur dreimal auf den Boden, obwohl er es doppelt so oft hätte tun können. Leider bedeutete das, dass sich König Joasch nur über drei Siege gegen die Aramäer freuen durfte, anstatt Aram vollständig zu zerstören.

Lieber Freund, Gott ist mehr als bereit, dir heute in allen Bereichen, in denen du herausgefordert bist, den vollständigen Sieg zu geben. Weil Christus dir alles gesichert hat, was du im Leben jemals brauchen wirst, musst du dich nicht mit einer unvollständigen Heilung oder mit seiner Hilfe und Weisheit nur bei den »großen« Problemen zufriedengeben. Dränge im Glauben mutig weiter, bis du den *vollständigen Sieg* über *alle* deine Herausforderungen erlebst!

Es geschah aber, als sie ihres Weges zogen, dass er in ein Dorf kam; und eine Frau mit Namen Marta nahm ihn auf. Und diese hatte eine Schwester, genannt Maria, die sich auch zu den Füßen Jesu niedersetzte und seinem Wort zuhörte. Marta aber war sehr beschäftigt mit vielem Dienen; sie trat aber hinzu und sprach: Herr, kümmert es dich nicht, dass meine Schwester mich allein gelassen hat zu dienen? Sage ihr doch, dass sie mir helfe! Jesus aber antwortete und sprach zu ihr: Marta, Marta! Du bist besorgt und beunruhigt um viele Dinge; eins aber ist nötig. Maria aber hat das gute Teil erwählt, das nicht von ihr genommen werden wird.

Lukas 10,38–42 ELB

Jesus antwortete ihnen: Ich bin das Brot des Lebens; wer zu mir kommt, wird nie mehr hungern, und wer an mich glaubt, wird nie mehr Durst haben.

Johannes 6,35 EÜ

Nimm von ihm

Marta war damit beschäftigt, Jesus zu **dienen**, während ihre Schwester Maria zu seinen Füßen saß und Worte des Lebens aus ihm **schöpfte**. Marta gefiel es nicht, dass Maria ihr nicht half, also beschwerte sie sich bei Jesus darüber. Wen, glaubst du, hat Jesus verteidigt? Maria!

Mein Freund, viele Gläubige denken, dass Geben besser als Nehmen ist. Nun, das gilt für unsere Beziehungen zu *Menschen*. Aber wenn es um unsere Beziehung zum Herrn geht, ist es besser, von ihm zu EMPFANGEN, als ihm etwas geben zu wollen! Jesus beschreibt sich selbst als das »Brot des Lebens«. Im Grunde sagt er uns damit, dass wir an ihm teilhaben sollen. Wir sollen von ihm alle Nahrung, Kraft, Heilung, Versorgung und alles überfließende Leben empfangen, das wir überhaupt aufnehmen können!

Unser Herr liebt es, wenn wir von ihm nehmen. Deshalb freute sich Jesus über Maria. Lieber Freund, ich ermutige dich, heute »eine Maria« zu sein. Unser liebender himmlischer Vater findet es großartig, wenn wir aus seinem unerschöpflichen Reservoir Kraft, Weisheit, Gunst, Frieden und Leben schöpfen!

Ihr seid erfüllt durch ihn,
der das Haupt aller Mächte und Gewalten ist.

KOLOSSER 2,10 LUT

Ihnen wollte Gott bekannt machen,
was der Reichtum der Herrlichkeit dieses Geheimnisses
unter den Heiden ist, nämlich: Christus in euch,
die Hoffnung der Herrlichkeit.

KOLOSSER 1,27

Habe deine Lust am HERRN!
So wird er dir geben, was dein Herz begehrt.

PSALM 37,4 EÜ

Finde deine Erfüllung in Christus

Heutzutage sind viele Menschen hoch verschuldet, weil sie ihre Sicherheit, Identität und Wertschätzung in materiellen Dingen suchen, anstatt sie in Christus und Christus allein zu finden. So kaufen sie am Ende Dinge, die sie nicht brauchen, um Leute zu beeindrucken, denen sie im Grunde egal sind!

Diese falsche Denkweise führt Menschen zu der zerstörerischen Gewohnheit, über ihre Verhältnisse zu leben. Sie gleichen monatliche Kreditkartenabrechnungen nur teilweise aus, belasten sich mit Hypotheken, die sie sich nicht leisten können, und schließen Autokredite ab, die sie nicht bedienen können. Und dann fragen sie Gott, warum er ihnen in all dem nicht seine Unterstützung bietet.

Lieber Freund, in dieser zerstörerischen Gewohnheit und diesem Schuldenkreislauf gefangen zu sein, entspricht nicht Gottes Wunsch für seine kostbaren Kinder. Wir sollten zu der Einsicht kommen, dass *mehr Dinge* zu haben uns nicht erfüllt. Dieses Vakuum in uns kann nur Jesus ausfüllen. Finde deine Sicherheit und Erfüllung in Christus. Du hast einen Schatz in dir, der weitaus wertvoller ist als alles, was man für Geld kaufen kann. Verankere deine Sicherheit und Identität in Jesus!

... und Sklave ist der Schuldner seinem Gläubiger.

SPRÜCHE 22,7 ELB

Seid niemand etwas schuldig,
außer dass ihr einander liebt.

RÖMER 13,8

Der HERR wird dir den Himmel, seinen guten Schatz, auftun, um deinem Land Regen zu geben zu seiner Zeit, und um alle Werke deiner Hände zu segnen. Und du wirst vielen Völkern leihen; du aber wirst dir nichts ausleihen müssen.

5. MOSE 28,12

Die Pläne des Fleißigen führen nur zum Gewinn;
aber jeder, der hastig ist, erreicht nur Mangel.

SPRÜCHE 21,5 ELB

Mein Gott aber wird allen euren Mangel ausfüllen nach seinem Reichtum in Herrlichkeit in Christus Jesus.

PHILIPPER 4,19

So gesegnet, dass du geben kannst

Gott segnet dich und sorgt reichlich für dich und deine Familie, sodass du immer in der Lage bist, zu geben und ein Segen zu sein.
Er möchte nicht, dass du ein Schuldner bist und ständig Mühe hast, deine Schulden zurückzuzahlen. Er will, dass du ein Geber bist, damit du für viele ein Segen sein kannst.
Mein Freund, verlasse dich weiter auf Jesu vollbrachtes Werk, mit dem er für alle deine Bedürfnisse vorgesorgt hat. Lass dich nicht dazu verleiten, unvernünftig Schulden zu machen. Nimm keine Sofortkredite auf, die es dir leicht machen, einen Haufen Geld auszugeben, das nicht wirklich dir gehört. Und später schaffst du es kaum, allein die hohen Zinsen abzustottern. Dies kann sich nur negativ auf deine innere Ruhe, Gesundheit und dein Familienleben auswirken.
Lieber Freund, sei weise. Vertraue deine Versorgung Christus an und sei durch seine Gnade fleißig bei allem, was du tust. Du wirst so gesegnet sein, dass du gar nicht anders kannst, als ein Segen zu sein!

Ein Mann namens Jabez aber war angesehener als alle seine Brüder. Seine Mutter nannte ihn Jabez, denn sie sagte: »Ich habe ihn unter Schmerzen zur Welt gebracht.« Er war es, der zum Gott Israels betete: »Segne mich doch und erweitere mein Gebiet! Sei bei mir in allem, was ich tue, und bewahre mich vor allem Kummer und Schmerz!« Und Gott erfüllte ihm seine Bitte.

1. Chronik 4,9–10 NLB

So lasst uns nun mit Freimütigkeit hinzutreten zum Thron der Gnade, damit wir Barmherzigkeit erlangen und Gnade finden zu rechtzeitiger Hilfe!

Hebräer 4,16

Wenn es aber jemand unter euch an Weisheit mangelt, so erbitte er sie von Gott, der allen gern und ohne Vorwurf gibt, so wird sie ihm gegeben werden.

Jakobus 1,5

Bete das Gebet von Jabez!

Es gab einmal einen Jungen namens Schmerz. Seine Mutter gab ihm diesen Namen, weil sie ihn unter Schmerzen geboren hatte. Man kann sich vorstellen, dass ihn bei einem solchen Namen wahrscheinlich niemand mochte.

Weißt du, was Schmerz, im Alten Testament auch als Jabez bekannt, getan hat? Er bat den Gott Israels, ihn zu SEGNEN! »**Segne** mich doch und **erweitere** mein Gebiet!« Das bedeutet, Gott um Versorgung und Vermehrung zu bitten. Er bat auch darum, dass Gottes Hand bei ihm sei, damit er in allem, was er täte, gesegnet und vor Schaden geschützt werde. Gott erfüllte nicht nur Jabez' Bitte, sondern bewirkte auch, dass er **angesehener** als seine Brüder war!

Tue heute das, was wirklich zu Ansehen führt – bitte den Herrn, die Gunst, Weisheit, Fähigkeiten und Wachstumsmöglichkeiten, die du derzeit hast, *auf eine ganz neue Ebene* zu bringen und sie zu erweitern. Bitte ihn um göttliche Weisheit, die dich vor unklugen Entscheidungen und deren schmerzhaften Folgen bewahrt.

Jesus sprach zu ihm [Petrus]: … Damit wir ihnen aber keinen Anstoß geben, geh hin an das Meer und wirf die Angel aus, und den ersten Fisch, der heraufkommt, den nimm; und wenn du sein Maul aufmachst, wirst du ein Zweigroschenstück finden; das nimm und gib's ihnen für mich und dich.

Matthäus 17,26–27 LUT

… da sandte Jesus zwei Jünger und sprach zu ihnen: Geht hin in das Dorf, das euch gegenüberliegt; und sogleich werdet ihr eine Eselin angebunden finden und ein Fohlen bei ihr. Bindet sie los und führt sie zu mir! Und wenn jemand etwas zu euch sagt, so sollt ihr sprechen: Der Herr braucht sie, und sogleich wird er sie senden.

Matthäus 21,1–3 LUT

Und er sendet zwei seiner Jünger und spricht zu ihnen: Geht in die Stadt; da wird euch ein Mensch begegnen, der einen Wasserkrug trägt; dem folgt, und wo er hineingeht, da sagt zu dem Hausherrn: Der Meister lässt fragen: Wo ist das Gastzimmer, in dem ich mit meinen Jüngern das Passah essen kann? Und er wird euch einen großen Obersaal zeigen, der mit Polstern belegt und hergerichtet ist; dort bereitet es für uns zu.

Markus 14,13–15

Zur richtigen Zeit am richtigen Ort

Was immer du brauchst, Jesus weiß, *wo* du es bekommen kannst und *von wem* du es bekommen kannst. Jesus kann dich zur richtigen Zeit am richtigen Ort positionieren!

Als Petrus die Tempelsteuer zahlen wollte, sagte Jesus ihm, er solle sie aus dem ersten Fisch herausholen, den er im Meer fangen würde. Als Jesus dann einen Esel brauchte, um nach Jerusalem zu reiten, sagte er zwei von seinen Jüngern, aus welchem Dorf sie das Tier holen sollten. Als Jesus einen Ort brauchte, um mit seinen Jüngern das Passah zu essen, gab er zwei von ihnen konkrete Anweisungen, wen sie treffen und wem sie folgen sollten und was sie dem Hausherrn sagen sollten, der bereits einen großen Obersaal mit Polstern ausgelegt und hergerichtet hatte!

Mein Freund, ist es nicht wunderbar zu wissen, dass Jesus weiß, was du brauchst und bereits in deine Zukunft vorausgegangen ist und für deinen Erfolg gesorgt hat? Wenn du auf sein liebendes Herz vertraust und darin ruhst, wird sein Friede dich dazu bringen, zur richtigen Zeit am richtigen Ort das Richtige zu tun!

Jesus ***gefällt es,***
wenn du dich
auf IHN
VERLÄSST
und von IHM alles
NIMMST,
was du brauchst.

Bei Menschen ist es
seliger, zu ***geben.***

Bei GOTT ist es
seliger, zu ***empfangen.***

Und ich will dich zu einer großen Nation machen, und ich will dich segnen, und ich will deinen Namen groß machen, und du sollst ein Segen sein!

1. MOSE 12,2 ELB

Jeder soll so viel geben, wie er sich in seinem Herzen vorgenommen hat. Es soll ihm nicht Leid tun und er soll es auch nicht nur geben, weil er sich dazu gezwungen fühlt. Gott liebt fröhliche Geber! Er hat die Macht, euch so reich zu beschenken, dass ihr nicht nur jederzeit genug habt für euch selbst, sondern auch noch anderen reichlich Gutes tun könnt.

2. KORINTHER 9,7–8 GNB

Ja, gewiss, segnend werde ich dich segnen und mehrend dich mehren.

HEBRÄER 6,14 ZÜB

Gesegnet, um ein Segen zu sein

Höre die Worte, die Gott über Abraham ausgesprochen hat: »Ich will dich segnen, und ich will deinen Namen groß machen, und du sollst ein Segen sein!«
Mein Freund, vertraue darauf, dass Gott dich immer mehr in der Fülle von Abrahams Segen leben lässt. Sei dir dabei aber bewusst, dass er dich segnet, weil er dich liebt, und dass er dir das Privileg gibt, für dein unmittelbares Umfeld, dein Land und darüber hinaus in praktischer Form ein verlängerter Arm seiner Liebe zu sein.
Gottes finanzielle Versorgung dient einem göttlichen Zweck. Benutze Geld und liebe Menschen, anstatt Geld zu lieben und Menschen zu benutzen! Wenn es um unsere Beziehung zu Menschen geht, ist Geben immer seliger als Nehmen. Hab ein waches Auge und ein großzügiges Herz, schau dich nach Menschen in Not um und segne sie. Lass dein Licht auf diese Weise vor allen Menschen leuchten, zur Ehre des Namens Jesus Christus!
Erlebe heute, wie sich seine überströmende Gnade auf dich und deine Familie ergießt, damit du auch noch anderen reichlich Gutes tun kannst!

KAPITEL 3

Empfange mutig und herrsche

In ihm haben wir die Erlösung durch sein Blut, die Vergebung der Sünden nach dem Reichtum seiner Gnade.

EPHESER 1,7 EÜ

Er hat uns errettet aus der Herrschaft der Finsternis und hat uns versetzt in das Reich des Sohnes seiner Liebe, in dem wir die Erlösung haben durch sein Blut, die Vergebung der Sünden.

KOLOSSER 1,13–14

Er hat auch euch, die ihr tot wart in den Übertretungen und dem unbeschnittenen Zustand eures Fleisches, mit ihm lebendig gemacht, indem er euch alle Übertretungen vergab.

KOLOSSER 2,13

Jesus – unsere größte Versorgung

Während wir über die Versorgungszusagen nachdenken, die unser himmlischer Vater in seinem Wort für uns dargelegt hat, nehmen wir uns einen Moment Zeit, um über das vollbrachte Werk Jesu nachzudenken.

Am Kreuz gab Jesus sich vollständig hin und sorgte auf eine Weise, wie es sonst niemand konnte, für die Vergebung unserer Sünden. Er entschied sich, sein Leben im Austausch für unseres niederzulegen. Alle unsere Sünden, Versäumnisse und Fehler sind für immer durch das kostbare Blut weggewaschen, das auf Golgatha vergossen wurde! Es ist wirklich so: In Christus haben wir die Erlösung durch sein Blut, die Vergebung der Sünden **»nach dem Reichtum seiner Gnade«**.

Mein Freund, Gottes Gnade dir gegenüber ist großzügig und reichhaltig. Empfange heute seine Gnade, seine Vergebung, seine Liebe und seine Barmherzigkeit auf frische und kraftvolle Weise. Es ist nicht der materielle Reichtum, der einen reich macht. Jesus zu haben, das ist dein größter Reichtum!

Am folgenden Tag sieht Johannes Jesus auf sich zukommen und spricht: Siehe, das Lamm Gottes, das die Sünde der Welt hinwegnimmt!

JOHANNES 1,29

Ein einziges Mal brachte er Blut in jenes Allerheiligste, aber nicht das Blut von Böcken und Kälbern, sondern sein eigenes Blut, durch das er uns die Rettung brachte, die für alle Zeiten gilt.

HEBRÄER 9,12 NLB

Und mein Gott wird euch aus seinem großen Reichtum, den wir in Christus Jesus haben, alles geben, was ihr braucht.

PHILIPPER 4,19 NLB

Lass dich täglich mit Vergebung versorgen

Viele Menschen denken, dass Vergebung ein Grundlagenthema ist, das man als Neubekehrter behandelt, bevor man zu »komplexeren« Wahrheiten im Wort Gottes übergeht.

Mein Freund, ich sage dir, dass eine tiefe und dauerhafte Offenbarung der Vergebung zu haben nichts mit Basiswissen zu tun hat. Tatsächlich glaube ich, dass du täglich über seine Vergebung nachsinnen musst, wenn du das Christus-Leben führen und die ganze Fülle seiner göttlichen Versorgung erleben willst. Ich bin bestrebt, genau das jeden Tag zu tun, wenn ich mich in mein Arbeitszimmer zurückziehe und das Abendmahl nehme.

Ich nehme das Brot in die Hand und danke Jesus für seine Versorgung mit Gesundheit, Heilung und Unversehrtheit, die er für mich bereithält. Dann halte ich den Becher hoch und danke meinem Erlöser für die Versorgung mit seinem Blut, das mich weißer als Schnee wäscht und mich gerecht macht!

Lieber Freund, blicke zum Kreuz und sieh, wie er jede Versorgung ermöglicht hat, die du brauchst!

*Ich schreibe euch, ihr Kinder,
weil euch die Sünden vergeben sind
um seines Namens willen.*

1. Johannes 2,12

*»Und ich werde ihr Unrecht vergeben
und nie wieder an ihre Sünden denken.«*

Hebräer 8,12 NLB

*Er fügt hinzu: »Und ich werde nie wieder
an ihr Unrecht und ihre Sünden denken.«*

Hebräer 10,17 NLB

Gott denkt nicht mehr an deine Sünden

Mein Freund, glaubst du heute, dass Gott nicht mehr an deine Sünden denkt? Das ist eine Wahrheit, die unser begrenzter menschlicher Verstand nur schwer erfassen kann.

Wie kann ein allmächtiger, allwissender und allgegenwärtiger Gott sich nicht an unsere Sünden erinnern? Ein allmächtiger, allwissender, allgegenwärtiger Gott sollte sich logischerweise an jedes einzelne Detail der von uns begangenen Sünden erinnern können. Aber das ist nicht das, was das Wort Gottes sagt. Gott erklärt: »Ich werde ihr Unrecht vergeben und **nie wieder an ihre Sünden denken**.« Ich glaube, dass viele Gläubige Angst haben, Gott heute nahezukommen und das zu empfangen, was sie von ihm brauchen, weil sie nicht glauben, dass Gott wirklich nicht mehr an ihre Sünden denkt.

Mein Freund, glaube einfach Gottes Wort – dass Gott aufgrund des Opfers Jesu, für das er gesorgt hat, tatsächlich nicht mehr an deine Sünden denkt! Lebe von jetzt an ohne die Wolke der Schuld, Scham, Verdammnis und Verurteilung über deinem Kopf. Steh furchtlos und gerecht in Christus vor ihm und erwarte, nur das Beste von ihm zu bekommen!

Zwischen dir und
deinem Segen
steht KEINE Sünde,
um die JESUS sich
nicht gekümmert hätte.

»An deine Sünden
werde ich mich
NIE MEHR,
AUF GAR
KEINEN FALL
erinnern.«

– Gott

Denn er hat den, der von keiner Sünde wusste, für uns zur Sünde gemacht, damit wir in ihm [zur] Gerechtigkeit Gottes würden.

2. Korinther 5,21

Denn die Augen des Herrn sehen auf die Gerechten, und seine Ohren hören auf ihr Gebet.

1. Petrus 3,12 LUT

… er erhört die Gebete der Gerechten.

Sprüche 15,29 NLB

Wenn die Gerechten schreien, so hört der HERR und errettet sie aus all ihrer Not.

Psalm 34,18 LUT

… Das aufrichtige Gebet eines gerechten Menschen hat große Macht und bewirkt wunderbare Ergebnisse.

Jakobus 5,16 NLT

Deine Gebete bewirken wunderbare Ergebnisse

Als Jesus am Kreuz hingerichtet wurde, hat er nicht nur alle deine Sünden mit seinem kostbaren Blut weggewaschen, sondern er hat dir auch seine eigene GERECHTIGKEIT als Geschenk gegeben. Weißt du, dass du diese Gerechtigkeit niemals verlieren kannst? Deine Gerechtigkeit ist ein Geschenk von Jesus, weil sie nicht von dir, sondern ganz und gar von *seiner* vollkommenen Leistung und *seinem* vollkommenen Gehorsam abhängt.

Daher, mein Freund, weil du für immer in Christus gerecht bist, *erhört* Gott jedes einzelne deiner Gebete. Der Apostel Jakobus sagt uns: Das aufrichtige Gebet eines gerechten Menschen – damit bist DU gemeint – »bewirkt wunderbare Ergebnisse«. Nicht einfach nur Ergebnisse, sondern *wunderbare* Ergebnisse!

Welche Art der Versorgung brauchst du heute, du gerechter Mensch? Brauchst du Gunst für ein Vorstellungsgespräch oder Weisheit darüber, wie du deine Schulden begleichst, oder brauchst du Heilung für deine Kinder? Als gerechter Mann oder gerechte Frau Gottes kannst du Jesus im Gebet ganz unerschrocken um alles bitten, was du brauchst!

Segnungen sind auf dem Haupt des Gerechten …

SPRÜCHE 10,6

… der Wunsch der Gerechten wird gewährt.

SPRÜCHE 10,24 ELB

Die Hoffnung der Gerechten wird Freude …

SPRÜCHE 10,28 EÜ

Im Haus des Gerechten ist ein reicher Schatz …

SPRÜCHE 15,6

Ja, du segnest den Gerechten, Jahwe.
Wie ein Schild umgibt ihn deine Gunst.

PSALM 5,13 NEÜ

Gott segnet dich, weil du gerecht bist

Immer wenn du in der Bibel eine Verheißung oder einen Segen für den oder die Gerechten findest, ergreife ihn, indem du sagst: »Vater, ich empfange diesen Segen im Namen Jesu!«

Lass mich dir zeigen, wie man dabei vorgeht. Wenn du in Sprüche 10,6 liest, dass Segnungen auf dem Haupt des Gerechten liegen, sag: »Danke, Vater, diese Verheißung gilt MIR, weil ich durch den Glauben an Jesus und sein vollbrachtes Werk **gerecht** gemacht worden bin!«

Anstatt also zu befürchten, dass du in die Armut abrutschst, erwarte jeden Tag, dass Gottes Versorgung und Segnungen dir hinterherjagen und dich umgeben! Erwarte, dass dir gute Dinge passieren. Sage: »Vater, ich danke dir, dass deine Segnungen meinen Kopf bedecken. Deine üppigen Vorräte ruhen auf mir und meiner Familie!«

Lieber Freund, je mehr du anfängst, dem zu glauben und Worte der Fülle, Versorgung und Vermehrung auszusprechen, desto mehr wirst du den vollen Segen der Gerechten erfahren!

Denn wenn infolge der Übertretung des einen der Tod zur Herrschaft kam durch den einen, wie viel mehr werden die, welche den Überfluss der Gnade und das Geschenk der Gerechtigkeit empfangen, im Leben herrschen durch den Einen, Jesus Christus!

RÖMER 5,17

Der Dieb kommt nur, um zu stehlen, zu schlachten und zu vernichten; ich bin gekommen, damit sie das Leben haben und es in Fülle haben.

JOHANNES 10,10 EÜ

Mein Lieber, ich wünsche dir in allen Dingen Wohlergehen und Gesundheit, so wie es deiner Seele wohlgeht!

3. JOHANNES 2

Die Gerechten herrschen!

Im Wort Gottes wird erklärt, dass diejenigen, die den Überfluss der Gnade und das Geschenk der Gerechtigkeit empfangen, im Leben herrschen werden. Lieber Freund, es ist klar, dass das Herz deines himmlischen Vaters darauf gerichtet ist, dich im Leben herrschen zu sehen!

Du herrschst nicht, wenn du in Schulden ertrinkst, Mangel leidest oder Mühe hast, deine Familie zu versorgen. Wenn das heute für dich zutrifft, gib nicht auf! Verlasse dich auf Jesus und fange an, täglich den Überfluss der Gnade und das Geschenk der Gerechtigkeit aktiv zu empfangen!

Seine Gnade wird dir die Weisheit und Kraft geben, dein Konsumverhalten zu ändern und gute Entscheidungen zu treffen, um aus den Schulden herauszukommen. Seine Gnade wird Türen der Gunst zu neuen Beschäftigungsmöglichkeiten öffnen und dir Wege ebnen, die Gaben, die Gott in dich hineingelegt hat, zu verfeinern und weiterzuentwickeln, damit du dir in Zukunft einen besseren Arbeitsplatz sichern kannst. Lieber Freund, glaube, dass du dazu bestimmt bist, über alle deine Schulden und jeden finanziellen Mangel zu herrschen!

Du bist ***zur Herrschaft bestimmt*** *– über* ***alle*** *Schulden und jeden finanziellen Mangel.*

Konzentriere dich nicht
auf deinen Mangel.

Konzentriere dich
auf ***Gottes***
ÜBERFLIESSENDE
Versorgung und ***erwarte,***
sie zu erleben.

Jetzt aber ist außerhalb des Gesetzes
die Gerechtigkeit Gottes offenbar gemacht worden …,
nämlich die Gerechtigkeit Gottes durch den Glauben
an Jesus Christus, die zu allen und auf alle [kommt],
die glauben …, sodass sie ohne Verdienst gerechtfertigt
werden durch seine Gnade aufgrund der Erlösung,
die in Christus Jesus ist.

Römer 3,21–24

Denn wenn durch die Übertretung des einen Menschen
der Tod durch diesen einen Menschen herrschte,
wie viel mehr werden diejenigen, die Gottes
überfließende Versorgung mit Gnade und mit dem
Geschenk der Gerechtigkeit empfangen, im Leben
herrschen durch den einen Menschen, Jesus Christus.

Römer 5,17 NIV

… Umsonst habt ihr es empfangen …

Matthäus 10,8

Wenn aber aus Gnade, so ist es nicht mehr um der
Werke willen; sonst ist die Gnade nicht mehr Gnade;
wenn aber um der Werke willen, so ist es nicht mehr
Gnade, sonst ist das Werk nicht mehr Werk.

Römer 11,6

Das weite Meer seiner überfließenden Versorgung

In Römer 5,17 gibt uns Paulus den Schlüssel zur Herrschaft im Leben. Er findet sich darin, den Überfluss der Gnade Gottes und sein Geschenk der Gerechtigkeit zu EMPFANGEN.

Es bleibt nicht ohne Wirkung, wenn man die Fülle der Gnade Gottes empfängt, wenn man aufhört, sich von seinen eigenen Bemühungen abhängig zu machen und sich ganz und gar auf **seine Gnade** stützt. In dem Moment, in dem du dich hingibst und sagst: »Herr, ich kann nicht, aber du kannst es. Heute ruhe ich in deiner unverdienten Gunst«, verschwindet jede Anforderung, die auf dir lastet, im weiten Meer seiner überfließenden Versorgung.

Wenn ich am Sonntagmorgen in die Gemeinde fahre, spüre ich oft den Druck, eine gute Botschaft zu predigen. Dieser Anspruch an mich selbst hat eine reale Grundlage – mehr als 32.000 Menschen tauchen in meiner Gemeinde auf und erwarten, gut genährt zu werden! Dann wende ich mich an Jesus und empfange seinen Überfluss der Gnade. Ich sage zu ihm: »Herr, heute bist du mein Gastredner! Ich ruhe in dir. Du sprichst. Du ernährst sie. Du versorgst sie! Du übernimmst die Führung und ich werde dich in Aktion sehen!« In dem Moment, in dem ich loslasse, eilen seine Gnade und seine Versorgung herbei! Halleluja!

[Ein gerechter Mensch] fürchtet sich nicht vor schlechten Nachrichten, sein Herz ist voller Zuversicht, denn er vertraut dem HERRN. Er lässt sich nicht erschüttern und hat keine Angst, denn er weiß, dass er über seine Feinde triumphieren wird.

Psalm 112,6–8 NLB

Er, der sogar seinen eigenen Sohn nicht verschont hat, sondern ihn für uns alle dahingegeben hat, wie sollte er uns mit ihm nicht auch alles schenken?

Römer 8,32

Es ist aber der Glaube eine feste Zuversicht auf das, was man hofft, eine Überzeugung von Tatsachen, die man nicht sieht.

Hebräer 11,1

… dir geschehe, wie du geglaubt hast!

Matthäus 8,13

Starte mit der Erwartung von Gutem in den Tag

Erwarte Gutes, wenn du morgens aufwachst. Bleibe in deinen Gedanken und in deinem Geist positiv, voller Freude, voller Hoffnung und voller Vorfreude auf all die guten Dinge, die Gott für dich, sein geliebtes Kind, auf Lager hat!

Spring aus deinem Bett, stell dich vor den Spiegel und erkläre freimütig: »Ich bin der Jünger, den Jesus liebt. Ich bin Gottes Augapfel. Alles, was ich tue und anfasse, wird gesegnet sein! Die Weisheit, Gunst und Versorgung des Herrn fließen mächtig in mir und durch mich. Amen!«

Wenn du das tust, zapfst du die überfließende Versorgung des Herrn für dich an, und all der Stress, die Sorgen, die negativen Emotionen und Ängste werden verblassen.

Möglicherweise musst du heute eine wichtige Präsentation vor deinem größten Kunden halten oder dich zum entscheidenden Bewerbungsgespräch für einen Job aufmachen, den du unbedingt haben willst. Vielleicht liegst du bei der Fertigstellung eines wichtigen beruflichen Projekts weit hinter dem Zeitplan zurück. Was auch immer die Anforderungen an dich sind, starte mit der Erwartung von Gutem in den Tag und freu dich darauf, seine Versorgung fließen zu sehen!

Die Herrschaft im Leben wird *nicht* durch eigene Anstrengung erreicht, sondern durch Gnade im Glauben **EMPFANGEN.**

Gnade verwandelt

Ich habe einen Brief von einer jungen Frau aus Virginia (USA) erhalten und möchte ihr kraftvolles Zeugnis in ihren eigenen Worten mit dir teilen:

Im College fing ich an, einen aussichtlosen Kampf gegen Depressionen zu führen … Es war so schlimm, dass ich morgens nicht einmal aufstehen konnte, weil ich in meinem Verstand so gequält war. Therapie und Medikamente halfen nicht in den sieben langen Jahren, die ich mit diesem qualvollen Albtraum rang. Doch dann schenkte mir meine Mutter Ihr Buch »Zur Herrschaft bestimmt«. Als ich anfing, Gottes Liebe zu mir anzunehmen und Jesus und seinem vollbrachten Werk zu vertrauen, wurde ich auf übernatürliche Weise völlig geheilt! Nachdem ich das Buch gelesen hatte, sagte ich einfach jeden Tag: »Herr, ich werde es heute nicht einmal versuchen. Du lebst das siegreiche Leben für mich. Ich kann diese Gedanken nicht aus eigener Kraft überwinden, aber ich kann in dir ruhen.« Ich lebe jetzt ein Leben in Freude und Frieden, wie ich es nie für möglich gehalten hätte!

Lieber Freund, womit hast du heute zu kämpfen? Übergib es dem Herrn und lass deinen Bereich der Not von seiner versorgenden Gnade überfluten. Nur seine Gnade kann dich von innen heraus verwandeln und zu einem Leben des Sieges führen!

Dann blieb er allein zurück. Da kam ein Mann und kämpfte mit ihm bis zum Morgengrauen. … er [gab] ihm einen Schlag auf sein Hüftgelenk, sodass es ausrenkte. … »Du sollst nicht länger Jakob heißen«, sagte der Mann. »Von jetzt an heißt du Israel. … Dann segnete er Jakob.

1. Mose 32,25–30 NLB

Da sagte Esau: Ich habe genug, mein Bruder; es sei dein, was du hast. Jakob aber sagte: Nicht doch; wenn ich überhaupt Gunst gefunden habe in deinen Augen, dann nimm mein Geschenk aus meiner Hand! … Denn Gott hat es mir aus Gnaden geschenkt, und ich habe alles. …

1. Mose 33,9–11 ELB

Die Gnade fließt, sobald du aufhörst, dich abzumühen

Die meisten Leute hätten Jakob, den hinterhältigen Betrüger und Manipulator, aufgegeben. Gott tat das nicht.

Eines Nachts, als Jakob versuchte, den Bruder, den er bestohlen hatte, zu besänftigen, begegnete er dem Herrn. Er hielt den Herrn fest und versuchte stundenlang, ihm einen Segen abzuringen. Und was tat der Herr? Er schlug auf Jakobs Hüftgelenk und renkte es aus, sodass Jakob schließlich hilflos vor dem Herrn stand.

Der Herr veränderte Jakob in dieser Nacht. Er zeigte Jakob, dass seine Gnade erst dann fließen konnte, wenn Jakobs Greifen und Ringen endlich aufhörte. In dieser Nacht änderte Gott Jakobs Namen von »Betrüger« zu »Fürst Gottes« (Israel) und fügte ihm Segnungen hinzu, die seine eigenen Bemühungen weit übertrafen.

Weißt du, wir sollten nicht versuchen, Gott Segnungen abzuringen. Erst wenn wir unser Intrigieren, Täuschen und Manipulieren aufgeben, mit dem wir im Leben voranzukommen versuchen, und allein seiner Gnade völlig vertrauen, fließt seine Versorgung unbegrenzt.

So gibt es jetzt keine Verdammnis mehr für die, welche in Christus Jesus sind …

RÖMER 8,1

Ist es dir gleichgültig, wie freundlich, geduldig und nachsichtig Gott mit dir ist? Siehst du nicht, wie Gottes Freundlichkeit dich zur Umkehr bewegen will?

RÖMER 2,4 NLB

Erwacht zur Gerechtigkeit und sündigt nicht …

1. KORINTHER 15,34 KJV

Denn die Sünde wird nicht herrschen über euch, weil ihr nicht unter dem Gesetz seid, sondern unter der Gnade.

RÖMER 6,14

Befreit durch eine Offenbarung der Gerechtigkeit

Ich danke dem Herrn für die ganzen Zeugnisse, die ich von kostbaren Menschen erhalten habe, die von Jesus berührt wurden. Hier ist eines von einem Bruder in Australien. Er hat mir geschrieben, um mir zu erzählen, wie er von mehreren Abhängigkeiten befreit wurde, als er anfing, die Offenbarung seiner Gerechtigkeit in Christus zu hören und anzunehmen.

Ich habe gerade mit dem Rauchen aufgehört, indem ich, immer wenn ich versucht war zu rauchen, das getan habe, was Sie in Ihren Büchern und auf Ihren DVDs lehren – mir meiner Gerechtigkeit in Christus bewusst zu werden und sie zu bekennen. Ich wurde auch von zwanzig Jahren Drogen- und Alkoholmissbrauch befreit und bin zudem frei von paranoiden Gedanken. Ich konnte dies alles nicht durch meine eigenen Anstrengungen aufgeben, aber durch Christus ist es mir gelungen. Preis sei Jesus für seine siegreiche Gnade!

Mein Freund, Gottes Versorgung deckt alle Aspekte des Lebens ab, einschließlich der Befreiung von Langzeit-Abhängigkeiten. Wenn du immerzu Gottes Geschenke der überfließenden Gnade, der Gerechtigkeit und der Freiheit von aller Verdammnis in Christus empfängst, *wirst* du in seiner Kraft durchs Leben gehen und über jede Sucht oder jeden anderen Zustand herrschen können, der dich jetzt noch gefangen hält!

Das Haupt des Gerechten ist mit Segen gekrönt …

Sprüche 10,6 NeÜ

Ich will mich sehr im Herrn freuen, meine Seele soll über meinen Gott jubeln! Denn er hat mir die Gewänder des Heils angezogen und mich in die Robe der Gerechtigkeit gekleidet.

Jesaja 61,10 NLB

Und du wirst fest gegründet sein in Gerechtigkeit. Von Gewalt halte dich fern, du musst dich nicht fürchten, und von Schrecken, er wird dir nicht nahe kommen! … Keine gegen dich geschmiedete Waffe wird Erfolg haben, und jede Zunge, die sich anschickt, mit dir ins Gericht zu gehen, wirst du ins Unrecht setzen. Dies ist der Erbbesitz der Diener des HERRN: Ihre Gerechtigkeit kommt von mir, Spruch des HERRN.

Jesaja 54,14.17 ZÜB

Eine unerschütterliche Offenbarung deiner Gerechtigkeit

Ich möchte wirklich, dass du in allen Lebensbereichen herrschst, indem du eine unerschütterliche Offenbarung deiner Gerechtigkeit in Christus empfängst. Je mehr du darüber hörst, was Jesus für dich am Kreuz vollbracht hat, desto mehr wächst du in dieser Offenbarung.

In der Bibel heißt es, dass das Haupt des Gerechten mit Segen gekrönt ist. Je größer also die Offenbarung deiner Gerechtigkeit in Christus ist und je stärker du darin verankert bist, desto mehr wirst du sehen, wie sich Gottes Segnungen in deinem Leben offenbaren.

Lass es mich anders formulieren: Sieh die Robe der Gerechtigkeit, mit der Gott dich bereits bekleidet hat, mit ihren Taschen namens »Gunst«, »Heilung«, »Befreiung«, »Versorgung«, »Weisheit«, »Familiensegnungen« und so weiter. Je mehr du dir dessen bewusst bist, desto mehr wirst du die guten Gaben erleben, die diese Robe mitbringt, und ein bedeutsames und erfülltes Leben führen – ein Leben, in dem du mehr als genug hast, um auch andere zu segnen!

Je mehr du
glaubst,
dass du in Christus
gerecht *bist …*

... desto mehr wirst du
die **Segnungen**
des Gerechten
erleben.

Darum sollt ihr nicht sorgen und sagen:
Was werden wir essen?, oder: Was werden wir
trinken?, oder: Womit werden wir uns kleiden?
Denn nach allen diesen Dingen trachten die Heiden,
aber euer himmlischer Vater weiß, dass ihr
das alles benötigt. Trachtet vielmehr zuerst
nach dem Reich Gottes und nach seiner Gerechtigkeit,
so wird euch dies alles hinzugefügt werden!

Matthäus 6,31–33

Der Weg der Gottlosen ist dem HERRN ein Gräuel,
wer aber der Gerechtigkeit nachjagt, den hat er lieb.

Sprüche 15,9

… Ist Gott für uns, wer kann gegen uns sein?

Römer 8,31

Trachte zuerst nach Jesu Gerechtigkeit

Ich ermutige dich, dir jeden Tag etwas Zeit zu nehmen, um die Offenbarung deiner Gerechtigkeit in Christus tief in deinen Geist sinken zu lassen. Meditiere darüber und sprich sie jeden Tag aus. Das wird dein Herz mit Mut füllen und deiner Seele einen unerschütterlichen Frieden bringen. Es wird deinen Glauben anregen, wenn du betest, und dir eine zuversichtliche Erwartung schenken, dass du gute Dinge von deinem himmlischen Vater empfangen wirst.

Ich glaube, dass unser himmlischer Vater, der die Dinge kennt, die wir täglich brauchen, uns sagt, dass wir uns keine Sorgen um sie machen sollen. Was sollen wir stattdessen tun? Wir sollen zuerst nach »seiner [Jesu] Gerechtigkeit« trachten – die Gerechtigkeit, die er uns gegeben hat – und alles, was wir brauchen, wird uns hinzugefügt werden.

Lieber Freund, wenn du weißt, dass deine gerechte Stellung vor Gott ihn immer auf deiner Seite sein lässt, wird jede Angst wie Butter an einem heißen Tag dahinschmelzen. Denn wenn Gott für dich ist, wer oder was kann sich dann erfolgreich gegen dich behaupten?

»Die aber, die von meiner Herde übrig geblieben sind, will ich wieder zusammenbringen. Aus allen Ländern der Erde, in die ich sie vertrieben habe, will ich sie wieder in ihre vertraute Heimat zurückführen. Dort werden sie fruchtbar sein und es wird ihnen gut gehen. Dann werde ich zuverlässige Hirten einsetzen, die für sie sorgen werden, sodass sie keine Angst mehr haben müssen. Sie sollen auch nicht mehr erschreckt werden und kein einziges von ihnen soll je verloren gehen«, spricht der Herr. »Denn es kommt der Tag«, spricht der Herr, »da will ich einen Nachkommen Davids zum König ernennen. Er wird mit großer Weisheit regieren und für Recht und Gerechtigkeit im Land sorgen. In den Tagen seiner Herrschaft wird Juda gerettet werden und Israel sicher wohnen. Diesem König wird man den Namen geben: ›Der Herr ist unsere Gerechtigkeit‹.«

Jeremia 23,3–6 NLB

Der HERR ist mein Hirte, nichts wird mir fehlen.

Psalm 23,1 HFA

»Der HERR ist unsere Gerechtigkeit«

Kaum etwas wirkt liebevoller als das Bild eines Hirten, der sich fürsorglich um seine Schafe kümmert.

Jeremia 23,3–4 zeigt das Herz eines guten Hirten – seine Schafe zu sammeln, zu behüten und zu füttern, damit sie »fruchtbar sein [werden] und es ihnen gut gehen [wird]«. Jesus, unser guter Hirte, tut all dies, indem er Hirten einsetzt, die als Pastoren und Lehrer für seine Menschen sorgen. Diese Aufgabe, ihn zu vertreten, besteht nicht darin, die Schafe zu schlagen (zu beschämen) oder zu scheren (finanziell auszubeuten), sondern sie so zu **füttern**, dass sie »keine Angst mehr haben müssen«, »nicht mehr erschreckt werden« und niemals »je verloren gehen«.

Was ist nun dieses »Futter«, das die Schafe an den Ort bringt, der frei von Angst, Entmutigung und Mangel ist? Es ist »der Herr, unsere Gerechtigkeit«. Lieber Freund, je mehr du dich von der Lehre ernährst, die Jesus und das Geschenk seiner Gerechtigkeit durch den Glauben an sein vollbrachtes Werk offenbart, desto stärker wirst du Freiheit von Angst, Depression und Mangel erfahren. Halte dich also an Dienste, die vom Herzen Jesu für seine Schafe geprägt sind, die mutig *den Herrn, unsere Gerechtigkeit,* verkünden und die seine Fülle der Gnade offenbaren – und erlebe, wie du durch ihn fruchtbar wirst und es dir gut geht!

Die Frucht des Gerechten ist ein Baum des Lebens …

SPRÜCHE 11,30

Der Name des HERRN ist ein starker Turm;
der Gerechte läuft dorthin und ist in Sicherheit.

SPRÜCHE 18,10

… die Gerechten sind furchtlos wie ein junger Löwe.

SPRÜCHE 28,1

Verlass dich allein auf Jesu Gnade

Eine kostbare junge Frau, die meine Predigten gehört hatte, schrieb mir voller Freude, ein Wunder empfangen zu haben, das sie sich von Gott im Glauben erhofft hatte. Sie erzählte:

Diesmal habe ich nicht versucht, mir diese Segnung zu verdienen, indem ich mit meinen guten Werken und meinem Gehorsam zu Gott komme. Stattdessen tat ich nichts weiter, als zu glauben und zu bekennen, dass ich durch das am Kreuz vollbrachte Werk Christi die unverdiente Gunst Gottes und seine eigene Gerechtigkeit habe. Und obwohl ich die Aufnahmeprüfung nicht bestanden und im Bewerbungsgespräch nicht gut abgeschnitten hatte, wurde ich trotzdem mit einem Vollstipendium an einer renommierten Universität in Deutschland zugelassen. Ich verließ mich allein auf die Gnade Jesu und erlangte dadurch diesen Durchbruch. Ich werde für den Rest meines Lebens glauben und seine Gnade und Liebe zu mir bekennen!

Ist es nicht wunderbar, wie sich uns Türen zu Möglichkeiten, Erfolg und Versorgung öffnen, wenn wir uns allein von der Gnade Jesu abhängig machen? Möge dich dieses Zeugnis in allem ermutigen, wofür du Gott heute Glauben schenkst!

Denn nicht durch das Gesetz
erhielt Abraham und sein Same die Verheißung,
dass er Erbe der Welt sein solle, sondern
durch die Gerechtigkeit des Glaubens.

Römer 4,13

Wenn ihr aber Christus angehört, so seid ihr
Abrahams Same und nach der Verheißung Erben.

Galater 3,29

Die Verheißung wird durch Glauben empfangen

Römer 4,13 macht klar, dass Gottes Verheißung, dass Abraham und sein Same Erben der Welt sein würden, nicht durch das Gesetz, sondern durch die **Gerechtigkeit des Glaubens** kam.

Da wir heute zu Jesus gehören, sind wir Abrahams Same und nach der Verheißung Erben. Und je mehr wir glauben, dass wir in Christus gerecht sind, desto stärker werden wir seine Versorgung erfahren. Mein Freund, ein Erbe der Welt zu sein und in Abrahams Segnungen von Gesundheit, Schutz und üppiger Versorgung zu leben, kommt aus dem **Glauben**. Und zwar aus dem Glauben daran, dass wir, obwohl wir keinen Segen von Gott verdienen, durch das Opfer und das vollbrachte Werk seines Sohnes gerecht gemacht wurden und damit ein Anrecht auf all seine Segnungen haben!

Am Kreuz nahm Jesus unsere Sünden und gab uns seine Gerechtigkeit. Er nahm unsere Armut und gab uns seine Fülle. Er nahm unsere Scham und gab uns seinen Sieg. Glaube heute, dass du durch das vollbrachte Werk Jesu gerecht gemacht wurdest, und fange an, in den Segnungen Abrahams zu leben!

Die Gerechtigkeit aus dem Glauben aber spricht: …

RÖMER 10,6 EÜ

Weil wir aber denselben Geist des Glaubens haben, gemäß dem, was geschrieben steht: »Ich habe geglaubt, darum habe ich geredet«, so glauben auch wir, und darum reden wir auch.

2. KORINTHER 4,13

Tod und Leben steht in der Gewalt der Zunge …

SPRÜCHE 18,21

Freue dich, du Unfruchtbare, die du nicht geboren hast! Brich in Jubel aus und jauchze …

JESAJA 54,1

Sprich deine Gerechtigkeit aus

Lass mich dir etwas Kraftvolles über die Gerechtigkeit erzählen. In Römer 10,6 sagt uns Gottes Wort, dass die Gerechtigkeit aus dem Glauben *spricht*.

Nun, was bedeutet das? Es bedeutet, dass Gott uns ermutigt, nicht nur in unserem Herzen zu glauben, dass wir gerecht sind, sondern es auch auszusprechen! Also, du gerechte Person, verkünde deine Gerechtigkeit. Sag jeden Tag mutig: »Vater, ich danke dir, dass ich in Christus gerecht bin, nicht aufgrund dessen, was ich tue, sondern infolgedessen, was Christus getan hat. Es ist ein Geschenk und ich nehme es von ganzem Herzen an.«

Ich glaube, dass gute Dinge geschehen, wenn du den Mund aufmachst und deine Gerechtigkeit verkündest. Du wirst dir all der Segnungen und Verheißungen bewusst, die dem Gerechten zustehen. Anstatt dich selbst für untauglich zu erklären, wirst du anfangen, vertrauensvoll Erfolg, Gunst und Weisheit von Gott zu erwarten. Du wirst mühelos Versorgung erleben, weil du deine gerechte Stellung in Christus kennst. Also hör auf, dich selbst für untauglich zu erklären, und bekenne deine Gerechtigkeit!

Die Gerechtigkeit aus dem Glauben ***spricht.***

Sag also: »***Ich bin gerecht in Christus!***

Gottes ***Gunst***, ***Weisheit***, ***Versorgung*** und ***Erfolg*** gehören heute mir!«

So spricht der HERR: Verflucht der Mensch, der auf Menschen vertraut, auf schwaches Fleisch sich stützt und dessen Herz sich abwendet vom HERRN. Er ist wie ein Strauch in der Steppe, der nie Regen kommen sieht; er wohnt auf heißem Wüstenboden, im Salzland, das unbewohnbar ist. Gesegnet der Mensch, der auf den HERRN vertraut und dessen Hoffnung der HERR ist. Er ist wie ein Baum, der am Wasser gepflanzt ist und zum Bach seine Wurzeln ausstreckt: Er hat nichts zu fürchten, wenn Hitze kommt; seine Blätter bleiben grün; auch in einem trockenen Jahr ist er ohne Sorge, er hört nicht auf, Frucht zu tragen.

Jeremia 17,5–8 EÜ

Es ist besser, auf den Herrn zu vertrauen,
als sein Vertrauen auf Menschen zu setzen.
Ja, es ist besser, auf den Herrn zu vertrauen,
als sein Vertrauen auf Fürsten zu setzen.

Psalm 118,8–9 NLB

Sei der gesegnete Mensch, den die Bibel beschreibt!

Wer wäre nicht gern der gesegnete Mensch in Jeremia 17? In guten wie in schlechten Zeiten herrscht der gesegnete Mensch und es geht ihm gut. Er ist wie ein Baum, der am Wasser gepflanzt ist und dessen Wurzeln sich zum Bach hin ausbreiten. Wenn die Hitze kommt – wenn der Wettbewerb härter wird oder wenn es eine finanzielle Dürre gibt –, hat er weder Angst noch Sorge. Seine »Blätter« bleiben grün – er bleibt jung und frisch. Und er ist weiterhin fruchtbar – er ist immer erfolgreich und sieht die gewünschten Ergebnisse, sei es im Geschäftsleben, in seiner Karriere, seinem Familienleben oder seinem Dienst!

Wie kommst du in den Genuss der Segnungen des gesegneten Menschen? Du verlässt dich nicht auf Menschen, sondern auf **Jesus allein**. Sich auf Jesus zu verlassen bedeutet, über sein Wort, seine unverdiente Gunst und sein Geschenk der Gerechtigkeit zu meditieren. Fang an, dein Vertrauen und deine Hoffnung wirklich auf Jesus zu setzen, anstatt auf deine eigene Kraft oder andere Menschen. Dann mach dich darauf gefasst, erfolgreich und überaus fruchtbar zu sein, egal, ob die Zeiten gut oder schlecht sind!

KAPITEL 4

Wie man Gottes Versorgung erfährt

Gutes und Barmherzigkeit
werden mir folgen mein Leben lang …

PSALM 23,6 LUT

Und wenn er seine Schafe herausgelassen hat,
geht er vor ihnen her; und die Schafe
folgen ihm nach …

JOHANNES 10,4

Ich bin der gute Hirte;
der gute Hirte lässt sein Leben für die Schafe.

JOHANNES 10,11

Dankt dem Herrn, denn er ist gut
und seine Gnade bleibt ewig bestehen.

1. CHRONIK 16,34 NLB

Folge dem guten Hirten

Als ich eines Tages das Wort studierte, sagte der Herr zu mir: »Beachte in Psalm 23,6, wie Gutes und Barmherzigkeit dir **folgen**.« Dann führte er mich zu Johannes 10,4, wo es heißt, dass der Hirte vor den Schafen hergeht und **die Schafe ihm folgen**.

Blitzartig öffnete der Herr mir die Augen, um eine göttliche Abfolge zu erkennen: Wenn du ihm **folgst oder nachjagst**, werden dir der gute Hirte, seine Güte und Barmherzigkeit und alle Segnungen, die du im Leben brauchst, nachfolgen!

Mein Freund, jage nicht den Segnungen hinterher. Jage Jesus nach, dem Segnenden. Wenn du ihm folgst, musst du dir keine Sorgen um die Segnungen machen, denn sie werden dir nachfolgen! Tatsächlich ist der hebräische Wortlaut von Psalm 23,6 viel eindringlicher und aggressiver. Wörtlich heißt es dort: »Ja, Güte und Barmherzigkeit werden alle Tage meines Lebens JAGD AUF MICH MACHEN!«

Du hast das Jahr mit deiner Güte gekrönt,
deine Spuren triefen von Segen.

PSALM 65,12 NEÜ

Meine Schafe hören meine Stimme,
und ich kenne sie, und sie folgen mir nach.

JOHANNES 10,27

... sondern, wie geschrieben steht:
»Was kein Auge gesehen und kein Ohr gehört
und keinem Menschen ins Herz gekommen ist,
was Gott denen bereitet hat, die ihn lieben«.

1. KORINTHER 2,9

In seinen Fußspuren

Ganz gleich, was Experten über die aktuelle Wirtschaftslage sagen, ich habe gute Nachrichten für dich. Als Kind Gottes sind deine Segnungen dieses Jahr nicht vom Auf und Ab der Börse abhängig.

Du darfst erwarten, dass dir in diesem Jahr gute Dinge passieren, weil Gottes Wort es verkündet: »Du hast das Jahr mit deiner **Güte** gekrönt, deine Spuren triefen von **Segen**«!

»Pastor Prince, Gottes Wort sagt es zwar, aber wie erlebe ich es?«

Großartige Frage! Der Schlüssel, um die Segnungen zu erleben, liegt in Psalm 65,12 (NEÜ) selbst – »**deine Spuren** triefen von Segen«. Um zu sehen, wie seine Spuren von Segen triefen, müsstest du ihm folgen, nicht wahr? Um also dieses Jahr die Güte und den überfließenden Segen des Herrn zu erleben, höre beständig auf seine Stimme der Gnade und schau dabei auf sein vollbrachtes Werk. Es ist leicht, seiner Führung zu folgen, wenn man auf seine Gnade eingestimmt ist. Und wenn du in seinen Fußspuren läufst, wirst du direkt in den Segen hineinlaufen, den er für dich vorbereitet hat!

Du kannst
nichts falsch machen,
wenn du
JESUS
FOLGST,
dem guten Hirten.

Sei auf seine ***Gnade***
eingestimmt und
erlaube ihm,
dich *in den Segen*
zu führen,
den er für ***dich*** *bereithält!*

Du hast das Jahr mit deiner Güte gekrönt,
deine Spuren triefen von Segen.

PSALM 65,12 NEÜ

… Hört doch auf mich, so sollt ihr Gutes essen,
und eure Seele soll sich laben an fetter Speise!
Neigt eure Ohren und kommt her zu mir;
hört, so wird eure Seele leben! …

JESAJA 55,2–3

Und doch kommt der Glaube
durch das Hören dieser Botschaft,
die Botschaft aber kommt von Christus.

RÖMER 10,17 NLB

»Erhöre« dir den Weg zu Gottes Fülle

Weil die Spuren des Herrn von Segen »triefen« oder überfließen, wirst auch du in dieser Segensfülle leben, wenn du ihm folgst und in seine Fußstapfen trittst. Und um ihm zu folgen, musst du ihm nur gut zuhören. Sieh dir Jesaja 55,2–3 an: »**Hört doch** auf mich, so sollt ihr *Gutes* essen, und eure Seele soll sich laben an *fetter* Speise! **Neigt eure Ohren** und kommt her zu mir; **hört**, so wird eure Seele leben!«

Um also Gutes zu essen und deine Seele sich an fetter Speise laben zu lassen, *höre* auf das Wort des Herrn. Wenn du aus dem Mangel heraus- und in die göttliche Versorgung hineintreten möchtest, *höre* der Verkündigung der frohen Botschaft von Jesu vollbrachtem Werk *weiter zu. Höre weiterhin* alles, was er getan hat, damit du die ganze Güte und Fülle Gottes erben kannst. Der Glaube wird kommen, um dich aus chronischen Krankheiten, Ängsten, Schulden und Depressionen herauszuführen und in göttliche Gesundheit, Weisheit, Versorgung, Fruchtbarkeit und Freude hineinzubringen!

Wenn du auf die Stimme des HERRN, deines Gottes, hörst …, wird dich der HERR, dein Gott, über alle Völker der Erde erheben. Alle diese Segnungen werden über dich kommen und dich erreichen, wenn du auf die Stimme des HERRN, deines Gottes, hörst: Gesegnet bist du in der Stadt, gesegnet bist du auf dem Land. Gesegnet ist die Frucht deines Leibes, die Frucht deines Ackers und die Frucht deines Viehs, der Wurf deiner Rinder und der Zuwachs an Lämmern und Zicklein. Gesegnet ist dein Korb und dein Backtrog. Gesegnet bist du, wenn du heimkehrst, gesegnet bist du, wenn du ausziehst. Der HERR stößt die Feinde, die sich gegen dich erheben, nieder und liefert sie dir aus. Auf einer Straße ziehen sie gegen dich aus, auf sieben Straßen fliehen sie vor dir.

5. Mose 28,1–7 EÜ

Denn ich schäme mich des Evangeliums von Christus nicht; denn es ist Gottes Kraft zur Errettung für jeden, der glaubt …

Römer 1,16

Gute Noten durch das Hören der Guten Nachricht

Ich will dir erzählen, was beständiges Hören der frohen Evangeliumsbotschaft für eine Schülerin aus meiner Gemeinde bewirkt hat.
Diese Schülerin hatte in ihrer Halbjahresprüfung schlecht abgeschnitten und drei Kernfächer nicht bestanden. Ihre Eltern begannen dann, meine Botschaften zu Hause und im Auto so oft wie möglich abzuspielen. Während dieses Mädchen die Botschaften immer wieder hörte, bemerkten ihre Eltern (wie sie mir später mitteilten) einen dramatischen Wandel in ihrer Einstellung zum Lernen. Sie begann, ihre Hoffnung und ihr Vertrauen auf Gott zu setzen, und der Frieden verdrängte allmählich den Schulstress.
Sechs Monate später, in ihrer Abschlussprüfung, konnte sie zur eigenen Freude und der ihrer Eltern in jenen Kernfächern wirklich gut abschneiden und erhielt zwei Auszeichnungen: eine, weil sie zu den besten Schülern der Klasse gehörte, und eine weitere, weil sie den größten Fortschritt gemacht hatte! Was auch immer deine Herausforderung heute ist – beständig das Evangelium Jesu zu hören, führt zu gutem Erfolg!

Der Gott Jesu Christi, unseres Herrn, der Vater der Herrlichkeit, gebe euch den Geist der Weisheit und Offenbarung, damit ihr ihn erkennt. Er erleuchte die Augen eures Herzens, damit ihr versteht, zu welcher Hoffnung ihr durch ihn berufen seid, welchen Reichtum die Herrlichkeit seines Erbes den Heiligen schenkt und wie überragend groß seine Macht sich an uns, den Gläubigen, erweist durch das Wirken seiner Kraft und Stärke.

Epheser 1,17–19 EÜ

Deine Antwort liegt in der Person Jesu

Die Lösung für alle deine Probleme lässt sich in der Person Jesu finden.

Mein Freund, wenn du dir Sorgen um deine täglichen Bedürfnisse machst, dann betrachte Jesus als deinen *Versorger* – denjenigen, der fünf Brote und zwei kleine Fische vermehrte, um mehr als 5000 Menschen zu speisen. Und am Ende blieben sogar noch zwölf Körbe voll mit Resten übrig. Wenn du für eine bestimmte Situation Weisheit brauchst, betrachte Jesus als deine *Weisheit* – denjenigen, der immer die richtige Antwort hat und weiß, wie mit jeder Herausforderung am besten umzugehen ist. Und sei dir sicher, dass er *in* dir und *mit* dir ist, um dich bei deiner Entscheidungsfindung zu leiten.

Lieber Freund, bitte den Heiligen Geist, dir speziell für deine Situation eine *persönliche* Offenbarung von Jesus zu geben. Er selbst ist *die* Lösung für jedes deiner Bedürfnisse!

»Heiliger Geist,
öffne mir die Augen,
damit ich *erkenne,*
wie ich *JESUS* in
meiner Situation
sehen muss.«

Befreit nach einer Offenbarung von Gottes Liebe

Ein kostbarer Bruder schrieb mir einmal, wie er viele Jahre lang deprimiert und sieglos gewesen war, weil er Gott als einen zornigen, lieblosen Gott sah – einen, den er ständig zufriedenstellen musste.

Erst nachdem Jesus diesem Mann *sein vollbrachtes Werk offenbart* hatte, wurde der von der Überzeugung befreit, er müsse sich die Annahme des Vaters erarbeiten. Diese Offenbarung über das vollkommene Werk des Herrn am Kreuz öffnete auch seine Augen für die bedingungslose Liebe Gottes zu ihm und ließ ihn frei werden, sodass er Heilung und Wiederherstellung in zahlreichen Lebensbereichen erfuhr.

Lieber Freund, was auch immer du heute brauchst, ich ermutige dich, zu beten: »Heiliger Geist, öffne meine Augen, damit ich Jesus so sehe, wie es heute nötig ist.« Wenn du eine Offenbarung von Jesus hast, die deine Situation anspricht, wirst du feststellen, wie Glaube dein Herz erfüllt, damit du dein Wunder empfangen kannst!

Gnade und Friede werde euch mehr und mehr zuteil in der Erkenntnis Gottes und unseres Herrn Jesus! Da seine göttliche Kraft uns alles geschenkt hat, was zum Leben und [zum Wandel in] Gottesfurcht dient, durch die Erkenntnis dessen, der uns berufen hat durch [seine] Herrlichkeit und Tugend.

2. Petrus 1,2–3

Denn ich hatte mir vorgenommen, unter euch nichts anderes zu wissen als nur Jesus Christus, und zwar als Gekreuzigten.

1. Korinther 2,2

Lerne deinen Retter immer besser kennen

In der Bibel steht in 2. Petrus 1,2: »Gnade und Friede werde euch mehr und mehr zuteil in der Erkenntnis Gottes und unseres Herrn Jesus!« Im Griechischen heißt es jedoch ursprünglich: »... *durch* die Erkenntnis unseres Gottes und Retters Jesus Christus«.
Somit *vermehren* sich Gottes unverdiente Gunst und sein Schalom-Friede (Gesundheit, Versorgung und völliges Wohlbefinden) in deinem Leben durch die Erkenntnis von JESUS. Je besser du Jesus kennst, umso leichter wird es für dich, die ständig fließende Zufuhr seiner Gunst, Heilung und Versorgung in Anspruch zu nehmen!
Lieber Freund, jede Antwort, die du brauchst, ob es nun um deine Finanzen, deine Gesundheit, deinen Beruf oder dein Familienleben geht, findet sich darin, Jesus persönlich kennenzulernen und immer vertrauter mit ihm zu werden. Ich bete, dass der Heilige Geist dir jeden Tag, wenn du die Bibel studierst oder Christus-zentrierte Predigten hörst, die Augen öffnet, damit du mehr von Jesus siehst – seine Schönheit, seine Liebe und Gnade für dich und sein vollbrachtes Werk auf Golgatha!

Darin ist die Liebe bei uns vollkommen geworden,
dass wir Freimütigkeit haben am Tag des Gerichts,
denn gleichwie Er ist, so sind auch wir in dieser Welt.

1. JOHANNES 4,17

… lasst uns mit Ausdauer das Rennen laufen,
das Gott uns vorgesetzt hat. Wir tun dies, indem wir
unsere Augen auf Jesus richten, den Champion,
der unseren Glauben initiiert und vervollkommnet …

HEBRÄER 12,1–2 NLT

Schau auf Jesus – seine Realität ist deine Realität

Wenn man sich selbst (die eigenen Schwächen) und die persönlichen negativen Umstände betrachtet, kann man schnell von Angst, Furcht und Verzweiflung ergriffen werden.
Deshalb will Gott, dass wir von uns selbst wegblicken und auf Jesus schauen. Weil wir jetzt unseren Platz in Christus haben, ist in Gottes Augen die Realität Jesu heute auch unsere Realität – »gleichwie Er ist, **so sind auch wir** in dieser Welt«!
Also konzentriere dich nicht auf deine Schwachstellen oder auf das, was in deinem Leben fehlt, und lass dich nicht entmutigen. Frag dich selbst: Ist Jesus heute verlassen, vergessen, krank und arm? Nein, er ist zur Rechten des Vaters, voller Leben, Frieden, Freude und Gunst. Alle Ressourcen des Himmels stehen ihm zur Verfügung. Er ist vom Vater heute überreich gesegnet, höchst begünstigt und innig geliebt – und das gilt auch für dich!
Derart mit Jesus beschäftigt zu sein bedeutet, so zu sehen, wie Gott sieht. Und wenn du Gottes Sichtweise hast, wirst du auch sehen, wie die Gnade und die Versorgung des Herrn jeden Mangel aus deinem Leben tilgen!

Denn du hast ihn nur wenig geringer als Gott gemacht
und ihn mit Ehre und Herrlichkeit gekrönt.

PSALM 8,6 NLB

Denn Gott, der Herr, ist für uns Sonne und Schutz.
Er schenkt uns Gnade und Ehre.

PSALM 84,11 NLB

Und ich habe die Herrlichkeit,
die du mir gegeben hast, ihnen gegeben,
auf dass sie eins seien, gleichwie wir eins sind.

JOHANNES 17,22

Sieh dich selbst gekrönt mit Ruhm und Ehre

Als geliebtes Kind Gottes, das von Christus erlöst und freigekauft wurde, bist du nicht nur von seiner Gunst umgeben, sondern auch mit *Herrlichkeit* und *Ehre* gekrönt (umgeben). Ich möchte dir Mut machen, dich von der gleichen Herrlichkeit und Ehre umgeben zu sehen, die Jesus heute zur Rechten des Vaters hat. Wie großartig, sich selbst so sehen zu dürfen!

Mein Freund, anstatt wegen fehlender Eigenschaften zu stöhnen und deprimiert zu sein, sieh dich selbst von Herrlichkeit und Ehre umgeben. Wenn du zum Beispiel auf der Suche nach einem Job bist, dich auf ein Vorstellungsgespräch vorbereitest oder auf eine Beförderung hoffst, verschwende keine Zeit damit, dir Sorgen zu machen, dass andere fähiger oder erfahrener sein könnten als du. Sei dir stattdessen bewusst, dass eine Salbung auf dir liegt, weil Gottes Herrlichkeit auf dir ist.

Glaub daran, dass das nächste Mal, wenn du einen Raum betrittst, sich dieser erhellen wird und die Atmosphäre darin sich zum Besseren wandelt, weil du von Gottes Herrlichkeit und Ehre gekrönt bist!

Denn das Land, in das du kommst, um es in Besitz zu nehmen, ist nicht wie das Land Ägypten, von dem ihr ausgezogen seid, wo du deinen Samen gesät hast, und [das] du mit deinem Fuß bewässert hast wie einen Gemüsegarten; sondern das Land, in das ihr zieht, um es in Besitz zu nehmen, ist ein Land mit Bergen und Tälern; es trinkt Wasser vom Regen des Himmels.

5. Mose 11,10–11

Der Herr, euer Gott, wird euch schon bald in das Land bringen, das er euren Vätern Abraham, Isaak und Jakob mit einem Eid versprochen hat. Darin sind große, reiche Städte, die ihr nicht erbaut habt; Häuser voller Waren, die ihr nicht gekauft habt; Zisternen, die ihr nicht gegraben habt, und Weinberge und Olivenhaine, die ihr nicht gepflanzt habt.

5. Mose 6,10–11 NLB

Der HERR ist mein Fels, meine Burg und mein Retter; Gott ist mein Fels, in dem ich mich berge, mein Schild und das Horn meines Heils, meine sichere Festung und meine Zuflucht, mein Retter …

2. Samuel 22,2–3

Blicke nach oben für deine Versorgung

Als die Israeliten Sklaven in Ägypten waren, verließen sie sich bei ihrer Wasserversorgung auf den Nil, eine *natürliche* Quelle. Nur mit der Kraft ihrer eigenen Hände schöpften sie das Wasser aus dem Nil und mussten deshalb ihre Versorgung nicht bei Gott suchen. Dies ist ein Bild für eigene Anstrengungen des Menschen.

Im Gegensatz dazu gab es im verheißenen Land Kanaan, das Gott für sein geliebtes Volk vorbereitet hatte, keinen Nil, auf den man sich verlassen konnte. Daher mussten die Israeliten ihren Blick nach oben richten und sich **allein auf den Herrn verlassen**, damit der Segen des Regens auf ihr Land fiele.

Lieber Freund, auch wenn du heute fleißig deinem Beruf nachgehst – worauf vertraust du? Auf deine eigenen Bemühungen, für dich selbst zu sorgen, oder darauf, dass der Herr dich segnet, und wachsen und vorankommen lässt? Es ist an der Zeit, nach oben zu blicken, besonders in Zeiten wirtschaftlicher Turbulenzen, wenn die »Nile« der Welt austrocknen. Schau auf zu Jesus, und erfahre von ihm deine Versorgung!

Glücklich ist der Mensch, der nicht auf den Rat der Gottlosen hört … Voller Freude tut er den Willen des Herrn und denkt über sein Gesetz Tag und Nacht nach. Er ist wie ein Baum, der am Flussufer wurzelt und Jahr für Jahr reiche Frucht trägt. Seine Blätter welken nicht, und alles, was er tut, gelingt ihm.

PSALM 1,1–3 NLB

Und das Wort wurde Fleisch und wohnte unter uns; und wir sahen seine Herrlichkeit, eine Herrlichkeit als des Eingeborenen vom Vater, voller Gnade und Wahrheit.

JOHANNES 1,14

denen aber, die berufen sind, sowohl Juden als auch Griechen, [verkündigen wir] Christus, Gottes Kraft und Gottes Weisheit.

1. KORINTHER 1,24

Erfreue dich täglich an Jesus

In der Bibel heißt es: »Glücklich ist der Mensch, der nicht auf den Rat der Gottlosen hört.« Das bedeutet, dass es zwar Weisheit im Rat der Gottlosen *gibt*, ein gesegneter Mensch aber nicht von ihm abhängig ist und auch nicht ihm gemäß lebt. Im Gegenteil, das Wort Gottes, das die Person Jesu ist, bereitet ihm Freude!

Mein Freund, erfreue dich an Jesus. Sieh ihn auf jeder Seite der Bibel, während du Tag und Nacht über Gottes Wort nachsinnst.

Lieber Freund, auf wessen Rat hörst du heute, wenn es um deine Versorgung geht? Sei vorsichtig mit gottlosen Ratschlägen, die dir schnelle kurzfristige Gewinne versprechen – sie könnten dich möglicherweise in eine Schuldenfalle geraten lassen. Wenn du hingegen täglich über Jesus meditierst und einfach in seiner Gegenwart bleibst, wirst du die Segnungen des Überflusses als Nebenprodukt genießen! Wenn du dich an Jesus erfreust, wirst du zur gegebenen Zeit Frucht hervorbringen, deine Blätter (deine Gesundheit) werden nicht welk, und was du tust, wird überaus gesegnet sein!

Durch ihn aber seid ihr in Christus Jesus,
der uns von Gott gemacht worden ist zur Weisheit,
zur Gerechtigkeit, zur Heiligung und zur Erlösung.

1. Korinther 1,30

Weisheit zu erwerben ist das Wichtigste im Leben!
Und alles, was du hast, setze dafür ein,
Verstand zu erwerben.

Sprüche 4,7 NLB

Der HERR wird dich ohne Unterlass leiten
und deine Seele in der Dürre sättigen …

Jesaja 58,11T

Wenn es aber jemand unter euch an Weisheit mangelt,
so erbitte er sie von Gott, der allen gern und
ohne Vorwurf gibt, so wird sie ihm gegeben werden.

Jakobus 1,5

Weisheit ist das Wichtigste

Die Lösung für Geldprobleme ist die Weisheit Gottes. Es ist gut, dass du im Glauben Zuwachs und Vermehrung von Gott erwartest. Heute möchte ich dich aber ermutigen, Gott zuallererst um Weisheit zu bitten, was deine Versorgung und die damit verbundenen Herausforderungen betrifft.

Im Jakobusbrief erfahren wir: Wenn es jemandem an Weisheit mangelt, »so erbitte er sie von Gott, der allen gern und ohne Vorwurf gibt, so wird sie ihm gegeben werden«.

Die Weisheit Gottes wird dir helfen, die Geldprobleme, die du derzeit erlebst, zu erkennen und sie zu lösen. Mach es dir nicht zur Priorität, möglichst viele Dinge anzuhäufen. In Gottes Wort wird erklärt, dass Weisheit das **Wichtigste** ist. Mein Freund, erwirb dir Weisheit und Verstand mit allem, was du hast!

Wenn die Weisheit in dein Herz kommen wird
und die Erkenntnis deiner Seele gefällt,
dann wird Besonnenheit dich beschirmen,
Einsicht wird dich behüten, um dich zu erretten
von dem Weg des Bösen …

Sprüche 2,10–12

Der Herr spricht zu mir:
»Ich will dir den Weg zeigen, den du gehen sollst.
Ich will dir raten und dich behüten.«

Psalm 32,8 NLB

Wie glücklich ist der, den du erziehst,
Jahwe, den du belehrst …

Psalm 94,12 NeÜ

Denn wer mich [Weisheit] findet, der findet das Leben
und erlangt Wohlgefallen von dem HERRN.

Sprüche 8,35

Vertraue von ganzem Herzen auf den Herrn
und verlass dich nicht auf deinen Verstand.
Denke an ihn, was immer du tust, dann wird er
dir den richtigen Weg zeigen.

Sprüche 3,5–6 NLB

Beziehe Jesus ein

Du brauchst kein Finanzwunder, wenn du konsequent in der Weisheit Gottes lebst und handelst. Mit anderen Worten, wenn du in seiner Weisheit bleibst, wirst du nicht von einer Rettungsaktion zur nächsten überleben müssen, noch wirst du finanziell ständig in der Krise stecken und Mangel leiden.

Mein Freund, Gottes Versorgung mit Weisheit ist reichlich vorhanden und ich möchte dich dazu anregen, diese mächtige Quelle aus dem Himmel zu nutzen.

Bevor du einen Karriereschritt machst, ein neues Unternehmen gründest oder einen größeren Kauf oder eine andere bedeutende Investition tätigst, beziehe Jesus ein. Schließe den Herrn nicht aus. Wenn dich jemand unter Druck setzt, einen Vertrag zu unterzeichnen, weil das Angebot »nur heute gültig« sei, tritt einen Schritt zurück. Triff keine emotionale, überhastete Entscheidung. Warte auf den Herrn. Sei bereit, von dieser »einmaligen Gelegenheit« Abstand zu nehmen, wenn du seinen Frieden und seine Weisheit nicht spürst. Zu lernen, wie man sich in göttlicher Weisheit bewegt, wird dir kostbare Zeit und Geld sparen.

Und ich wandte mich um und sah unter der Sonne, dass nicht die Schnellen den Wettlauf gewinnen, noch die Starken die Schlacht, dass nicht die Weisen das Brot erlangen, auch nicht die Verständigen den Reichtum, noch die Erfahrenen Gunst, denn sie sind alle von Zeit und Umständen abhängig.

KLAGELIEDER 9,11

Denn du, HERR, segnest den Gerechten; du umgibst ihn mit Gnade wie mit einem Schild.

PSALM 5,13

Denn nicht mit ihrem Schwert haben sie [Gottes Volk] das Land gewonnen, und nicht ihr Arm hat ihnen geholfen, sondern deine rechte Hand und dein Arm und das Licht deines Angesichts; denn du hattest Wohlgefallen an ihnen.

PSALM 44,3

… durch deine Gunst wird unser Horn erhöht.

PSALM 89,18 ELB

Nicht die Schnellen gewinnen den Wettlauf

Die Welt sagt dir, dass die Qualifizierten, Talentierten und Erfahrenen die guten Jobs, Beförderungen und hohen Gehälter bekommen.

Mein Freund, auch wenn du in dieser Welt lebst, brauchst du dich als geliebtes Kind Gottes nicht durch sie begrenzen lassen. Du hast Gottes Gunst – **seine nicht von dir selbst erworbene, leistungsunabhängige, unverdiente Gnade!** Lies Prediger 9,11: »… nicht die Schnellen [gewinnen] den Wettlauf, noch die Starken die Schlacht …« Selbst wenn du also im Natürlichen nicht die schlauste, stärkste, klügste oder bestaussehende Person bist, kann Gott dir trotzdem Erfolg schenken, **wenn du dich auf seine Gnade verlässt**.

Anstatt über deine »Disqualifikationen« zu grübeln, sei dir der Gunst Gottes auf dir bewusst. Lächle und sage: »Dank Jesus bin ich über und über mit Gottes Gunst bedeckt. Ich erwarte, dass mir heute Gutes widerfährt!« Lieber Freund, sei dir seiner Gunst bewusst. Glaub an sie. Bekenne sie. Und du wirst sie erleben!

Nimm JESUS als deine WEISHEIT und *triff* die *richtigen Entscheidungen.*

Ein einziger Augenblick *der*
GUNST GOTTES
kann dein Leben
völlig umkrempeln.

Möge die Gunst des Herrn, unseres Gottes, auf uns ruhen; das Werk unserer Hände für uns festigen – ja, festige das Werk unserer Hände.

PSALM 90,17 NIV

sondern das Törichte der Welt hat Gott erwählt, um die Weisen zuschanden zu machen, und das Schwache der Welt hat Gott erwählt, um das Starke zuschanden zu machen; und das Unedle der Welt und das Verachtete hat Gott erwählt, und das, was nichts ist, damit er zunichtemache, was etwas ist, damit sich vor ihm kein Fleisch rühme.

1. KORINTHER 1,27–29

Der HERR aber war mit Josef und wandte sich ihm in Treue zu und gab ihm Gunst in den Augen des Obersten des Gefängnisses.

1. MOSE 39,21 ELB

Leben und Gnade hast du mir gewährt, und deine Fürsorge bewahrte meinen Geist.

HIOB 10,12

Hab große Träume

Hier ist die Geschichte von einem jungen Mann in meiner Gemeinde, der ein kleines Unternehmen gegründet hatte, das Schwimmbadzubehör vertrieb. Als eine gewaltige Ausschreibung für den Bau des längsten Dach-Swimmingpools der Welt veröffentlicht wurde, beschloss dieser junge Mann, an der Ausschreibung teilzunehmen. Zuvor hatte er meine Botschaften darüber gehört, dass wir uns auf Gottes Gunst verlassen sollen. Trotz des starken Wettbewerbs um dieses millionenschwere Bauvorhaben erhielt dieser junge Mann, der in seinem Leben noch nie einen Swimmingpool gebaut hatte, den Zuschlag!
Er hatte nicht die Qualifikation oder Erfahrung seiner Konkurrenten, aber er hatte zweifellos die Gunst Gottes. Sein erstes Bauvorhaben wurde so der teuerste Swimmingpool der Welt. Dieser befindet sich auf einem legendären Wahrzeichen meines Landes, direkt im Herzen der Stadt, wo er sich auf dem Dachgarten im 57. Stockwerk über drei miteinander verbundene Türme erstreckt. Jedes Mal, wenn ich an diesem Wahrzeichen vorbeifahre und zu diesem wunderschönen Pool hinaufblicke, werde ich an die Güte und Gunst unseres Herrn erinnert! Lieber Freund, stütze dich auf Gottes Gunst und hab große Träume!

Und Rut, die Moabiterin, sagte zu Noomi: Ich möchte gern aufs Feld gehen und etwas von den Ähren mit auflesen hinter dem her, in dessen Augen ich Gunst finden werde. Sie sagte zu ihr: Geh hin, meine Tochter! Da ging sie hin, kam und las auf dem Feld hinter den Schnittern her auf. Und sie traf zufällig das Feldstück des Boas, der aus der Sippe Elimelechs war.

Rut 2,2–3 elb

Da fiel sie auf ihr Angesicht und warf sich zur Erde nieder und sagte zu ihm: Warum habe ich Gunst gefunden in deinen Augen, dass du mich beachtest, wo ich doch eine Fremde bin?

Rut 2,10 elb

*Gedenke meiner, HERR,
in der Zuneigung zu deinem Volk.
Suche mich heim mit deiner Hilfe.*

Psalm 106,4 elb

Gottes Versorgung übertrifft alle deine Erwartungen

Erbittest du dir im Glauben einen Lebenspartner von Gott? Vertraue dem Herrn, dass er dich zur richtigen Zeit am richtigen Ort positioniert, um der richtigen Person zu begegnen. Sieh dir die Geschichte von Rut an. Von allen Feldern, auf die sie hätte gehen können, um Getreide zu sammeln, führte der Herr sie zum Feld von Boas! Boas verliebte sich dann in Rut und der Rest ist bekannt.

Rein menschlich gesehen sprach alles gegen Rut. Sie war eine arme Witwe und eine Moabiterin (eine Ausländerin). Doch das hinderte sie nicht daran, ihr Vertrauen in die Gunst des Herrn zu setzen. Diese Gunst führte nicht nur zur Versorgung mit Getreide für sie und ihre Schwiegermutter Noomi, sondern verschaffte ihr auch noch einen gesegneten Lebenspartner.

Lieber Freund, Gottes Versorgung wird alle deine Erwartungen übertreffen! Rut hoffte nur auf Getreide, aber der Herr übertraf ihre Erwartungen und segnete sie mit Boas! Glaube von ganzem Herzen, dass Jesus das Gleiche für dich tun kann!

Dort erschien ihm der Herr und sprach:
»Geh nicht nach Ägypten. Wohne in dem Land,
das ich dir zeige. Bleib hier in diesem Land
und ich werde dir beistehen und dich segnen.
Ich werde dir und deinen Nachkommen alle
diese Länder geben. Ich werde meinen Eid erfüllen,
den ich deinem Vater Abraham geschworen habe …«
Da blieb Isaak in Gerar.

1. Mose 26,2–3.6 NLB

In diesem Jahr erntete Isaak
hundertmal mehr Getreide, als er ausgesät hatte,
denn der Herr segnete ihn.

1. Mose 26,12 NLB

Bleib an Ort und Stelle, vertrau Jesus und ernte das Hundertfache!

Als er die Risse betrachtete, die die ausgetrocknete Erde überzogen, dachte Isaak: »Diese Hungersnot ist schlimm. Vielleicht sollte ich Gerar verlassen und nach Ägypten gehen und dort mein Getreide anbauen.« Aber als er aufblickte, erschien der Herr und sprach: »**Geh nicht nach Ägypten**. … Bleib hier in diesem Land und **ich werde dir beistehen und dich segnen**.« Also rührte sich Isaak nicht vom Fleck und blieb in Gerar.

Nachdem er einige Zeit in Gerar gewohnt hatte, »erntete Isaak hundertmal mehr Getreide, als er ausgesät hatte, **denn der Herr segnete ihn**«. Siehst du das? Trotz der schweren Hungersnot blühten Isaaks Feldfrüchte auf und er hatte eine sehr reiche Ernte! Lieber Freund, bleib dort, wohin Gott dich berufen hat – lauf nicht in die Welt, um nach Hilfe zu suchen, sondern verlass dich weiterhin auf den Herrn und seine überreiche Gunst. Gib Gott nicht auf. Wenn du an den glaubst, der die Brote und Fische vermehrte und der alles weiß, wirst du auch in Zeiten der Hungersnot Erfolg haben!

In diesem Jahr erntete Isaak hundertmal mehr Getreide, als er ausgesät hatte, denn der Herr segnete ihn. Sein Besitz nahm immer mehr zu und er wurde sehr reich. Er besaß große Schaf- und Ziegenherden, riesige Rinderherden und viele Sklaven.

1. Mose 26,12–14 NLB

Steh auf, werde licht! Denn dein Licht ist gekommen, und die Herrlichkeit des HERRN ist über dir aufgegangen. Denn siehe, Finsternis bedeckt die Erde und Dunkel die Völkerschaften; aber über dir strahlt der HERR auf, und seine Herrlichkeit erscheint über dir.

Jesaja 60,1–2 ELB

Hab keine Angst vor der Hungersnot – Gott wird versorgen

Glaubst du, dass du den größten Zuwachs erleben kannst, während die Welt Hunger leidet?
Mein Freund, Hungersnöte gibt es schon seit der Zeit der alttestamentlichen Patriarchen. Aber die gute Nachricht ist, dass Gott sich immer gut um sein Volk kümmert. Abraham hatte *in einer Zeit der Hungersnot* mehr als genug. Sein Sohn Isaak hatte genügend Saatgut, um *in einer Zeit der Hungersnot* zu säen, und erntete das Hundertfache. Isaak erfuhr in der Zeit der Hungersnot sogar das größte Wachstum und die reichlichste Versorgung.
Das ist Gottes Art! Alle Ehre bekommt er, wenn du und deine Angehörigen während einer Hungersnot versorgt werdet. Lieber Freund, fürchte dich nicht, sondern sei zuversichtlich und gewiss, dass Jesus dich auf neue Ebenen des Erfolgs und des Segens führen wird. Er wird dich einen hundertfachen Zuwachs erleben lassen, während die Welt unter einer Hungersnot leidet.

Wenn du deinen Blick auf ***Jesu überreiche Gunst*** *dir gegenüber heftest …*

B… brauchst du
in Zeiten der Hungersnot
keine Angst
zu haben.

»Solange die Erde besteht,
wird es Saat und Ernte geben, Kälte und Hitze,
Sommer und Winter, Tag und Nacht.«

1. Mose 8,22 NLB

Wer wenig sät, der wird auch wenig ernten; wer aber viel sät, der wird auch viel ernten. So soll jeder für sich selbst entscheiden, wie viel er geben will, und zwar freiwillig und nicht aus Pflichtgefühl. Denn Gott liebt den, der fröhlich gibt. Er kann euch so reich beschenken, ja, mit Gutem geradezu überschütten, dass ihr zu jeder Zeit alles habt, was ihr braucht, und mehr als das. So könnt ihr auch noch anderen auf verschiedenste Art und Weise Gutes tun. … Gott aber, der dem Sämann Saat und Brot schenkt, wird auch euch Saatgut geben. Er wird es wachsen lassen und dafür sorgen, dass das Gute, das ihr tut, Früchte trägt.

2. Korinther 9,6–10 HFA

Gebt, so wird euch gegeben werden; ein gutes, vollgedrücktes und gerütteltes und überfließendes Maß wird man in euren Schoß schütten. Denn mit demselben Maß, mit dem ihr [anderen] zumesst, wird euch wieder zugemessen werden.

Lukas 6,38

Das Geheimnis des Säens

Die Mittel, mit denen Gott dich heute segnet, enthalten sowohl *Brot* als auch *Samen*. Verzehr nicht alles, was du hast, als Brot. Hab die Weisheit, Samen zu säen, die dir *sowohl* Brot für die Zukunft *als auch* wieder Samen zum erneuten Aussäen liefern.

Die Bibel sagt uns klipp und klar: »Wer wenig sät, der wird auch wenig ernten; wer aber viel sät, der wird auch viel ernten«, und ermuntert uns, aus einer freien Entscheidung heraus zu geben, »nicht aus Pflichtgefühl. Denn Gott liebt den, der fröhlich gibt«. Nun schau dir die Versorgungszusage an, die Gott gibt, wenn du viel säst: »Er kann euch SO REICH BESCHENKEN, ja, mit Gutem geradezu ÜBERSCHÜTTEN, dass ihr zu jeder Zeit ALLES HABT, was ihr braucht, und mehr als das. So könnt ihr auch noch anderen auf VERSCHIEDENSTE Art und Weise Gutes tun.«

Lieber Freund, der Schlüssel, um die Versorgungszusage Gottes zu erleben, findet sich darin, wie ein Mensch die Samen aussät, die er erhält. Wenn dein Saatgut ausgestreut wird, wird Gott deine Saat mehren und die Früchte deiner Gerechtigkeit wachsen lassen.

Und es trat der hinzu, der die fünf Talente empfangen hatte, brachte noch fünf weitere Talente herzu und sprach: Herr, du hast mir fünf Talente übergeben; siehe, ich habe mit ihnen fünf weitere Talente gewonnen. Da sagte sein Herr zu ihm: Recht so, du guter und treuer Knecht! Du bist über wenigem treu gewesen, ich will dich über vieles setzen; geh ein zur Freude deines Herrn! Und es trat auch der hinzu, der die zwei Talente empfangen hatte, und sprach: Herr, du hast mir zwei Talente übergeben; siehe, ich habe mit ihnen zwei andere Talente gewonnen. Sein Herr sagte zu ihm: Recht so, du guter und treuer Knecht! …

Matthäus 25,20–23

Arm wird, wer mit lässiger Hand schafft,
aber die Hand der Fleißigen macht reich.

Sprüche 10,4 ELB

Der Faulpelz will zwar viel,
erreicht aber nichts; der Fleißige bekommt,
was er sich wünscht, im Überfluss.

Sprüche 13,4 HFA

Gib Jesus etwas, das er vermehren kann

Im Gleichnis von den Talenten lobte der Herr die ersten beiden Diener, weil sie das ihnen anvertraute Geld vermehrt hatten. Sie lagen nicht den ganzen Tag auf der faulen Haut, tranken Tee und beschwerten sich darüber, wie schwer es ist, in dieser Wirtschaft einen Job zu kriegen. Im Gegenteil, sie waren fleißig, weise und besonnen und fanden Wege, das ihnen anvertraute Geld zu verdoppeln. Der Herr beglückwünschte sie daraufhin und nannte sie gute und treue Diener. Mein Freund, ich möchte dich darin bestärken, ein fleißiger, weiser, guter und treuer Verwalter des Geldes zu sein, das Gott in deine Hände gelegt hat. Während du dem Herrn im Hinblick auf seine Versorgung vertraust, gib Geld aus, um Bewerbungen zu verschicken, zu Vorstellungsgesprächen zu fahren oder sogar dafür, dich für einen besseren Job weiterzubilden. Vergrab dein Geld nicht im Erdboden, indem du nur zu Hause rumsitzt und fernsiehst. Gib Jesus etwas, das er vermehren kann, und du wirst sehen, wie er seine Gunst darauf ruhen lässt!

Bringt den Zehnten ganz in das Vorratshaus, damit Speise in meinem Haus sei, und prüft mich doch dadurch, spricht der HERR der Heerscharen, ob ich euch nicht die Fenster des Himmels öffnen und euch Segen in überreicher Fülle herabschütten werde! Und ich will für euch den Fresser schelten, dass er euch die Frucht der Erde nicht verdirbt und dass euch der Weinstock auf dem Feld nicht fruchtleer bleibt, spricht der HERR der Heerscharen. Und alle Heidenvölker werden euch glücklich preisen; denn ihr werdet ein Land des Wohlgefallens werden, spricht der HERR der Heerscharen.

Maleachi 3,10–12

Ehre den HERRN mit deinem Besitz und mit den Erstlingen all deines Einkommens, so werden sich deine Scheunen mit Überfluss füllen und deine Keltern von Most überlaufen.

Sprüche 3,9–10

Wenn aber die Erstlingsgabe heilig ist, so ist es auch der Teig, und wenn die Wurzel heilig ist, so sind es auch die Zweige.

Römer 11,16

Die geöffneten Fenster des Himmels

Lieber Freund, wusstest du, dass Gott deinen Zehnten nicht braucht? Ich sage den Menschen in meiner Gemeinde sogar, dass sie keinen Zehnten geben sollen, wenn sie keine Offenbarung darüber haben. Denn es wird nichts bringen, wenn sie nur aus Angst oder aus einem religiösen Pflichtgefühl heraus den Zehnten geben.

Mein Freund, gib deiner Ortsgemeinde nur den Zehnten, wenn du die Offenbarung hast, dass es sich dabei um einen Akt der Anbetung und Danksagung Jesus gegenüber handelt. Du sagst damit: »Jesus, DU bist die Quelle all meiner Segnungen und Zuwächse. Danke, dass du mich und meine Familie immer aus dem Reichtum deiner Gnade segnest.«

Wenn du aus einer solchen Offenbarung heraus den Zehnten gibst, erklärt Gott: »Ich [werde] euch … die Fenster des Himmels öffnen und euch Segen in überreicher Fülle herabschütten! Und ich will für euch den Fresser schelten, dass er euch die Frucht der Erde nicht verdirbt und dass euch der Weinstock auf dem Feld nicht fruchtleer bleibt.« Es ist ganz klar – das Zehntengeben ist nur für diejenigen von uns, die eine Offenbarung des Herzens Gottes im Hinblick auf unsere Versorgung haben.

Melchisedek aber, der nicht einmal mit Levi verwandt war, erhielt von Abraham ebenfalls den zehnten Teil. Und Melchisedek segnete Abraham, einen Mann, der bereits die Zusagen Gottes empfangen hatte. Dabei ist zweifellos derjenige, der segnet, größer als derjenige, der gesegnet wird. Im Fall der Leviten sind es sterbliche Menschen, die den zehnten Teil empfangen. Doch Melchisedek ist größer als sie, denn es wird uns gesagt, dass er weiterlebt. Man könnte sogar sagen, dass Levi selbst – der doch eigentlich den Zehnten erhebt – durch Abraham den zehnten Teil an Melchisedek abgab. Levi war damals zwar noch nicht geboren, aber Abraham war sein Vater, und so war er bei ihm, als Melchisedek den zehnten Teil von ihm erhielt. … Unser Herr kam ja aus dem Stamm Juda, doch Mose hat Juda nie in Verbindung mit dem Priestertum erwähnt. Die Änderung im Gesetz Gottes wird dadurch noch deutlicher, dass nun ein anderer Priester gekommen ist, der Melchisedek gleicht. Er wurde nicht Priester, weil er die frühere Bedingung der Zugehörigkeit zum Stamm Levi erfüllte, sondern durch die Kraft eines unzerstörbaren Lebens. Genau das wird auch über Christus in der Schrift bezeugt: »Du bist für immer Priester nach der Ordnung Melchisedeks.«

HEBRÄER 7,6–10.14–17 NLB

Dein Zehnter bezeugt, dass Jesus lebt!

Wenn du heute den Zehnten gibst, so lesen wir in Hebräer 7,8, gibst du ihn nicht sterblichen Menschen, sondern Christus, der lebt. Du gibst ihn Jesus, unserem Hohenpriester, dessen Priesterschaft nach der Ordnung Melchisedeks ist – gemäß der Kraft eines *endlosen* Lebens. Wenn du deinen Zehnten gibst, erklärst du folglich, dass Jesus in deinem Leben wirklich lebendig ist!

Weißt du, was es bedeutet, wenn Jesus in deinem Leben lebendig ist? Es bedeutet, dass er in deine negative Situation hineinkommen und sie zu deinem Besten wenden wird! Es bedeutet, dass es Zeichen und Wunder geben wird, die beweisen, dass er in deinem Leben lebendig ist. Die Leute werden dich ansehen und sagen: »Wie schaffst du es, trotz der Wirtschaftslage so gesegnet zu bleiben?«

Lieber Freund, er wird dich von den Menschen der Welt abheben und für alle deine Bedürfnisse reichlich sorgen!

KAPITEL 5

Gelange durch Ruhe in Gottes Versorgung hinein

*»Der Geist des Herrn ruht auf mir,
denn er hat mich gesalbt, um den Armen
die gute Botschaft zu verkünden. Er hat mich
gesandt, Gefangenen zu verkünden, dass sie
freigelassen werden, Blinden, dass sie sehen werden,
Unterdrückten, dass sie befreit werden und dass
die Zeit der Gnade des Herrn gekommen ist.«*

LUKAS 4,18–19 NLB

*Geliebter, ich bete, dass es dir in jeder Hinsicht gut geht
und [dass dein Körper] gesund bleibt, so wie [ich weiß],
dass deine Seele gesund bleibt und es ihr gut geht.*

3. JOHANNES 2 AMP

*Jesus Christus ist derselbe gestern
und heute und in Ewigkeit.*

HEBRÄER 13,8 ELB

Das offenbarte Herz Jesu

Als Jesus in einer Synagoge in Nazareth war, sprach er davon, wie Gott Elia zur Witwe von Zarpat und Elisa zu Naaman, dem Syrer, gesandt hatte. Wenn du diese beiden Geschichten im Alten Testament liest, wirst du erkennen, dass es in einer um ein Wunder der **Versorgung und des Überflusses** geht (das letzte bisschen Öl der Witwe wurde vermehrt), während sich die andere um ein **Heilungs**wunder dreht (Naaman wurde von Aussatz befreit).

So sehen wir auch im Alten Testament, dass es Gottes Wunsch ist, für die Menschen reichlich zu sorgen und sie zu heilen. Es ist nicht sein Wille, dass jemand Mangel leidet oder an Krankheit stirbt. Wenn Jesus im Neuen Testament Mangel begegnete, schenkte er riesige Fischfänge und vermehrte Brote und Fische. Wenn die Kranken zu ihm kamen, heilte er sie ausnahmslos.

Jesus ist derselbe gestern, heute und in Ewigkeit. Besiegele es in deinem Herzen und Verstand, dass er dich gesund und versorgt wissen will. Nimm dir Zeit, alle Wunder der Versorgung und Heilung in den Evangelien nachzulesen und heute zu erkennen, dass Jesu Herz für dich schlägt.

In ihm haben wir die Erlösung durch sein Blut, die Vergebung der Übertretungen nach dem Reichtum seiner Gnade, die er uns überströmend widerfahren ließ in aller Weisheit und Einsicht.

EPHESER 1,7–8

Gott aber, der reich ist an Erbarmen, hat um seiner großen Liebe willen, mit der er uns geliebt hat, auch uns, die wir tot waren durch die Übertretungen, mit dem Christus lebendig gemacht – aus Gnade seid ihr errettet! – und hat uns mitauferweckt und mitversetzt in die himmlischen [Regionen] in Christus Jesus, damit er in den kommenden Weltzeiten den überschwänglichen Reichtum seiner Gnade in Güte an uns erweise in Christus Jesus.

EPHESER 2,4–7

Barmherzig und gnädig ist der HERR, geduldig und von großer Güte.

PSALM 103,8

Fünf-Minuten-Gnade?

Ein Grund, warum sich viele Christen Sorgen machen und sich nicht an Gott wenden, wenn sie vor Herausforderungen stehen, ist der, dass sie seine Gnade als begrenzt ansehen. Weil sie ihre Zeit, ihre Ersparnisse und die natürlichen Ressourcen der Erde als begrenzt wahrnehmen, schlussfolgern sie, dass auch die Gnade Gottes begrenzt sein muss. Wie bedauerlich es doch ist, wenn Gläubige heute das Wort »Gnade« mit der Regelung für Parkgebühren gleichsetzen – die fünfminütige »Gnadenfrist«, bevor die Gebühren fällig werden!

Lieber Freund, wenn es um die Gnade des Herrn geht, musst du wissen, dass sie UNBEGRENZT ist! Sie ist UNENDLICH! Wer kann die Tiefen seiner unermesslichen Gnade ergründen?

Deshalb will Gott nicht, dass du nur ab und zu eine Prise von seiner Gnade nimmst und dir den Rest der Zeit Sorgen machst. Nein, er will, dass du dir *jeden* einzelnen Tag eine ORDENTLICHE PORTION davon für *jede* einzelne Situation nimmst! Nimm dir nicht nur »fünf Minuten« Gnade. Nimm sie in Hülle und Fülle! Auf diese Weise lebt man in der Ruhe und herrscht im Leben!

Denn aus seiner Fülle haben wir alle empfangen,
und zwar Gnade um Gnade.

JOHANNES 1,16 ELB

Die treue Liebe des Herrn endet nie!
Seine Gnadenerweise hören nie auf.
Groß ist Seine Treue …

KLAGELIEDER 3,22–23 NLT

Wenn nun ihr, die ihr böse seid,
euren Kindern gute Gaben zu geben versteht,
wie viel mehr wird euer Vater im Himmel
denen Gutes geben, die ihn bitten!

MATTHÄUS 7,11

Seine Gnade hört niemals auf

Als ich eine Handvoll Münzen auf den Arcade-Automaten legte, an dem meine kleine Jessica völlig ins Spiel vertieft war, sagte ich zu ihr: »Jessica, sobald das Spiel zu Ende ist, wirf einfach eine weitere Münze ein, okay?« Sie war damals erst drei Jahre alt, verstand aber zweifellos sehr gut, wie man weiter neue Münzen einwirft, um das Spiel am Laufen zu halten.

Es machte Spaß, ihr zuzusehen, wie sie ihre Freude an dem Spiel hatte. Ihre Augen leuchteten und ihre Grübchen zeigten sich, besonders wenn sie gewann. Als ihr Vater macht es mich immer glücklich, sie glücklich zu sehen, also achtete ich darauf, dass sie immer genügend Münzen hatte, um das Spiel in Gang zu halten. Sobald sie ihr auszugehen drohten, eilte ich zum Schalter, um einen neuen Stapel Münzen zu holen. Jessicas Vater lieferte also immer Nachschub an Münzen, während sie selbst das Spiel einfach weiter genoss.

Lieber Freund, wenn ein irdischer Vater dies für seine Tochter bei einem einfachen Automaten-Spiel tun kann, wie **viel mehr** wird unser himmlischer Vater, der uns liebt und sich freut, uns gesegnet zu sehen, für uns sorgen!

Noah aber fand Gnade in den Augen des HERRN.

1. Mose 6,8

*Kommt her zu mir, alle ihr Mühseligen
und Beladenen! Und ich werde euch Ruhe geben.*

Matthäus 11,28 ELB

*Wir wollen deshalb alles daransetzen,
zu dieser Ruhe zu gelangen …*

Hebräer 4,11 NeÜ

Ruhe findet Gnade

Wenn ein Thema zum ersten Mal in der Bibel erwähnt wird, gibt es normalerweise eine wichtige Wahrheit, die wir lernen können. Weißt du also, wann oder wo das Wort »Gnade« zum ersten Mal in der Bibel erwähnt wird? Es ist in 1. Mose 6,8 – »Noah aber fand **Gnade** in den Augen des HERRN«.

»Was ist denn die wichtige Wahrheit, die man hier lernen kann, Pastor Prince?«

Mein Freund, der Name »Noah« bedeutet »Ruhe«. Deshalb ist die kraftvolle Wahrheit hier, dass RUHE GNADE FINDET! Je mehr du im vollbrachten Werk Jesu **ruhst** und das, was zu tun ist, aus dieser Ruhe heraus tust, desto mehr wird seine Gnade in deinem Leben wirken und dich seine Segnungen erfahren lassen! Wenn du deine Arbeit, dein Studium oder deine Hausarbeit in dem Wissen angehst, dass die Gunst des Herrn auf dir liegt und das Werk deiner Hände segnet, kannst du nicht anders, als seine übernatürlichen Ergebnisse und seine Versorgung zu erleben.

Lieber Freund, lerne zu ruhen und finde Gnade in den Augen des Herrn!

LASS LOS und RUHE in seiner Liebe zu dir.

Ruhen – das Verantwortungsvollste, was du tun kannst

Wenn ich mir keine Sorgen um meine Kinder und ihr Studium mache, bin ich keine verantwortungsbewusste Mutter. Wenn ich nicht sieben Tage in der Woche arbeite und keine Überstunden mache, um mehr Geld für meine Familie zu verdienen, bin ich kein guter Vater.

Mein Freund, dein Wunsch, deine Familie versorgen zu können, ist berechtigt. Aber indem du dich sorgst und gestresst bist, schadest du nicht nur deiner Gesundheit und deinen Beziehungen, sondern schränkst in deinem Leben auch die Versorgung mit Gottes Gnade ein. Gott kann in deinem Leben nicht frei wirken, wenn du »im Weg« bist, wenn du dir Sorgen machst und in Stress gerätst, weil du aus der Angst heraus handelst.

Lieber Freund, das Verantwortungsvollste, was du für dich und deine Familie tun kannst, ist, **loszulassen und zu ruhen!** RUHE in seiner Liebe und Gunst, die er für dich und deine Familie bereithält. Tritt beiseite und lass Jesus für dich tun, was du nicht für dich selbst tun kannst. Und wenn du es ihn tun lässt, wird das nicht nur bessere Ergebnisse nach sich ziehen, sondern du wirst auch Frieden und guten Erfolg erfahren!

*So sammelte Rut den ganzen Tag Gerste,
und als sie das Getreide am Abend drosch,
kam ungefähr ein Efa heraus.*

Rut 2,17 NLB

*Also blieb Rut bis zum Morgen zu seinen Füßen liegen.
Sie stand jedoch auf, bevor es hell genug wurde,
um einen Menschen zu erkennen. Denn Boas meinte:
»Es braucht keiner zu wissen, dass eine Frau
hier auf der Tenne war.« Er sagte zu Rut:
»Nimm das Tuch, das du dir umgelegt hast
und halte es auf.« Er füllte sechs Maß Gerste
in das Tuch und half Rut, es auf den Rücken
zu nehmen. Dann ging Boas zurück in die Stadt.*

Rut 3,14–15 NLB

Ruhe bringt viel mehr Ergebnisse

Als Rut den ganzen Tag auf dem Feld von Boas, einem wohlhabenden Verwandten, arbeitete, sammelte sie nur **einen** Efa Gerste. Das entspricht einem Vorrat für etwa zehn Tage. Als sie sich jedoch einfach über Nacht zu seinen Füßen ausruhte, gab er ihr **sechs** Maß Gerste – etwa zwei Monatsvorräte!

Boas, der für Rut das Lösungsrecht für Angehörige ausüben konnte, steht als Bild für Jesus, unseren Erlöser, in dem wir ruhen sollen. Diese Ruhe bezieht sich auf eine innere Haltung des Vertrauens und der stillen Zuversicht in Jesu vollbrachtes Werk und in seine Fähigkeit, dir Wachstum und Erfolg zu schenken, *während du das tust, was du tun musst.* Ruhe heißt nicht, herumzusitzen, nichts zu tun und darauf zu warten, dass sein Segen in unseren Schoß fällt.

Lieber Freund, Gott will einfach nicht, dass du dich sorgst und Dinge aus Angst tust. Er möchte, dass du zu Jesu Füßen ruhst und seinen Worten der Liebe und des Lebens lauschst. Lass ihn deine Ängste vertreiben und dich zum Erfolg führen!

Mach dir keine Sorgen, meine Tochter. Ich werde alles für dich tun, worum du mich bittest, denn jeder in der Stadt weiß, dass du eine anständige Frau bist. Es stimmt, dass ich einer der Loskäufer deiner Familie bin, doch es gibt noch einen Mann, der näher mit dir verwandt ist als ich. Bleib heute Nacht hier. Wenn der Mann morgen früh bereit ist, dich auszulösen, soll er das tun. Wenn er aber keine Lust dazu hat, dann werde ich dich auslösen, so wahr der Herr lebt! …«

RUT 3,11–13 NLB

Da sagte Noomi zu ihr [Rut]: »Warte in Ruhe ab, meine Tochter, bis du erfährst, wie die Sache ausgeht. Der Mann wird nicht ruhen, bis er die Sache noch heute entschieden hat.«

RUT 3,18 NLB

Wenn du ruhst, arbeitet Gott

Boas wollte Rut restlos von ihren finanziellen Problemen befreien und sie heiraten. Nach dem damaligen Brauch konnte er dies jedoch erst tun, nachdem ein Verwandter, der Rut näherstand, sein Löserecht für Rut aufgegeben hatte. So ging Boas zum Tor von Bethlehem, um die Angelegenheit mit diesem Verwandten zu regeln.

Als Ruts Schwiegermutter Noomi hörte, was sich zugetragen hatte, sagte sie Rut, sie solle **in Ruhe abwarten und nicht besorgt sein**, denn Boas **werde nicht ruhen**, bis er die Sache um Rut noch am selben Tag erfolgreich entschieden habe. Nun, da Boas ein Bild für Jesus, unseren Er-Löser, ist, zeigt sich hier folgende Wahrheit: Wenn wir »in Ruhe abwarten« und nicht besorgt sind, geht Jesus an unserer Stelle ans Werk!

Lieber Freund, vor welcher Herausforderung bezüglich deiner Versorgungslage stehst du heute? Hast du ein beunruhigendes körperliches Symptom? Die Angst, deine Arbeitsstelle zu verlieren? Übergib die Angelegenheit Jesus, deinem himmlischen Boas, und **ruhe** in seiner Fähigkeit, seiner Bereitschaft und seiner Gunst. Wenn du in ihm ruhst, wird er nicht ruhen, bis er die Sache für dich erfolgreich entschieden hat!

So wollen wir denn eifrig bestrebt sein,
in jene Ruhe einzugehen …

HEBRÄER 4,11

Und Gott hatte am siebten Tag sein Werk vollendet,
das er gemacht hatte; und er ruhte am siebten Tag
von seinem ganzen Werk, das er gemacht hatte.
Und Gott segnete den siebten Tag und heiligte ihn,
denn an ihm ruhte er von seinem ganzen Werk,
das Gott schuf, als er es machte.

1. MOSE 2,2–3

Wenn der HERR nicht das Haus baut, dann arbeiten
umsonst, die daran bauen; wenn der HERR nicht
die Stadt behütet, dann wacht der Wächter umsonst.
Es ist umsonst, dass ihr früh aufsteht und spät
aufbleibt und sauer erworbenes Brot esst;
solches gibt er seinem Geliebten im Schlaf!

PSALM 127,1–2

Arbeite daran, zu ruhen

Es gibt so viele Dinge, die man jeden Tag tun muss – Frühstück zubereiten, die Kinder zur Schule fahren, eine Präsentation fertigstellen, ein Meeting leiten, einen Kunden treffen, einem Freund zur Seite stehen … Es scheint, als hätten wir ständig etwas zu tun! Doch wenn es eine Sache gibt, an der wir vorrangig jeden Tag arbeiten sollten, dann daran, **ruhig** zu sein! Klingt nach einem Widerspruch in sich, oder? Wie kann man daran *arbeiten*, zu *ruhen*?

Doch genau das ist es, was Gott von uns will. Da wir dazu neigen, jeden Tag mit Arbeit, Sorge und Eile zu füllen, um alle unsere Aufgaben zu erledigen, möchte er, dass wir zuallererst Zeit mit ihm verbringen. So können wir alle unsere ruhelosen Tätigkeiten, Sorgen und Ängste von seiner Liebe und seinen Worten der Gnade wegspülen lassen.

Mein Freund, mach es dir täglich zu *ersten Priorität*, daran zu arbeiten, in Gottes Ruhe einzugehen. Wenn du ruhig bist, kann Gottes Gnade ungehindert durch dich fließen, um – mit Leichtigkeit – alles zu schaffen, was an dem Tag erledigt werden muss. Ruhe ist seine heutige Versorgung für dich – empfange sie!

Ruhe** ist nicht Untätigkeit, sondern **von Gott gelenkte Aktivität.

Was Ruhen bedeutet und wie es funktioniert

Einige Gläubige haben eigentümliche Vorstellungen davon, was Ruhen wirklich bedeutet. Sie denken, Ruhen würde bedeuten, dass sie nichts anderes tun sollten, als darauf zu warten, dass Gottes Versorgung auf magische Weise vor ihnen erschiene.

Aber biblisches Ruhen ist keine Untätigkeit. Es ist gelenkte Aktivität! Gott segnet uns, wenn wir ihm vertrauen und im Glauben etwas wagen. Wenn du zum Beispiel nach einem Lebenspartner suchst, bleib nicht zu Hause und warte dort auf diesen besonderen Jemand. Es wird nicht plötzlich ein völlig Fremder mit einem Heiratsantrag vor deiner Tür auftauchen. Aber wenn du in Gottes Gunst ruhst und wenn du unter Leute gehst, um die richtige Art von Menschen zu treffen (z. B. indem du dich bei einem Dienst in der Gemeinde engagierst), wird der Heilige Geist deine Schritte lenken und deinen Weg mit dem deines zukünftigen Lebenspartners kreuzen lassen.

Lieber Freund, das Gleiche gilt für jede Art von Versorgung, die du dir von Christus erhoffst. Er hat bereits alles für dich getan, damit du Gottes Bestes empfangen kannst, also ruhe in seiner Gunst und unerschütterlichen Liebe zu dir. Dann, während du im Glauben Schritte wagst, wirst du erleben, wie er dich über deine kühnsten Träume hinaus segnet!

Wer von euch kann sich denn durch Sorgen das Leben auch nur um einen Tag verlängern?

MATTHÄUS 6,27 NEÜ

Und Jesus nahm zu an Weisheit und Alter und Gunst bei Gott und Menschen.

LUKAS 2,52 ELB

Aber der Knabe Samuel nahm immer mehr zu an Alter und an Gunst, sowohl bei dem HERRN als auch bei den Menschen.

1. SAMUEL 2,26

Gnade für Eltern

Wenn du als Vater oder Mutter von der Verantwortung, in der heutigen Zeit Kinder zu erziehen, überfordert bist, möchte ich dich zu dem Glauben anregen, dass Gott auch für Eltern spezielle Vorsorge und Gnade bereithält. Anstatt dir Sorgen zu machen und Angst um deine Kinder zu haben, bete, dass sie Gottes Weisheit, Gunst und Schutz durch Jesus Christus erfahren.

Bevor sie abends zu Bett gehen oder bevor sie morgens zur Schule aufbrechen, lege einfach die Hände auf sie und sage: »Weil du ein Jesus-Junge (oder Jesus-Mädchen) bist, nimmst du Tag für Tag zu **in der Weisheit Gottes und in der Gunst bei Gott und Menschen!** Jesus wird dafür sorgen, dass du zur richtigen Zeit am richtigen Ort bist.«

Wirf deine Sorgen wegen deiner Kinder auf den Herrn. Vertraue ihm, dass er dich mit der nötigen Weisheit versorgt, um ihnen Worte der Ermutigung und des Lebens zuzusprechen, damit sie gute Entscheidungen treffen, anstatt sich dem Gruppenzwang zu beugen. Der Herr hat dich ausgerüstet und dir die Gnade gegeben, eine ausgezeichnete Mutter beziehungsweise ein ausgezeichneter Vater zu sein!

Ja, durch stammelnde Lippen und durch eine fremde Sprache wird er zu diesem Volk reden, er, der zu ihnen sprach: Das ist die Ruhe! Schafft Ruhe dem Erschöpften! Und das ist die Erquickung! Aber sie wollten nicht hören.

JESAJA 28,11–12 ELB

Wer in einer Sprache redet, erbaut sich selbst …

1. KORINTHER 14,4

Ebenso kommt aber auch der Geist unseren Schwachheiten zu Hilfe. Denn wir wissen nicht, was wir beten sollen, wie sich's gebührt; aber der Geist selbst tritt für uns ein mit unaussprechlichen Seufzern.

RÖMER 8,26–27

Sprachenrede – die Ruhe und die Erfrischung

Der Prophet Jesaja beschreibt das Reden in neuen Sprachen als »die Ruhe« und »die Erquickung« (Erfrischung). Im Neuen Testament sagt uns der Apostel Paulus, dass der Gläubige, der in einer fremden Sprache spricht, »sich selbst erbaut«. Das Wort »erbauen« ist hier *oikodomeo*, was soviel wie *aufbauen*, *wiederherstellen* und *reparieren* bedeutet.
Und dass es tatsächlich so ist, habe ich selbst schon festgestellt, besonders dann, wenn ich nach einem langen Flug müde bin. Viele Male hat mir das Gebet im Heiligen Geist trotz des Jetlags eine übernatürliche Ruhe und Energie geschenkt, um weiter zu predigen und zu dienen!
Mein Freund, eine der besten Möglichkeiten, sich zu erfrischen, zur Ruhe zu kommen und erholt zu bleiben, besteht darin, täglich immer wieder in Sprachen zu beten. Auf dem Weg zur Arbeit oder in der Kaffeepause kannst du flüsternd in Sprachen beten. Wenn du Hausfrau oder -mann bist, kannst du in Sprachen beten, während du kochst oder dich um die Wäsche kümmerst. Lieber Freund, wenn du den **Heiligen Geist** einbeziehst und **von Ruhe erfüllt** bist, wie solltest du dann nicht seine übernatürliche Versorgung in allem erfahren, was du tust?

*Wenn aber jener kommt, der Geist der Wahrheit,
so wird er euch in die ganze Wahrheit leiten;
denn er wird nicht aus sich selbst reden,
sondern was er hören wird, das wird er reden,
und was zukünftig ist, wird er euch verkündigen.*

JOHANNES 16,13

*Denn diejenigen, die von Gottes Geist
gelenkt werden, sind Kinder Gottes.*

RÖMER 8,14 NEÜ

*Wir wissen aber, dass denen, die Gott lieben,
alle Dinge zum Guten mitwirken, denen,
die nach seinem Vorsatz berufen sind.*

RÖMER 8,28 ELB

Ruhe ist eine vom Heiligen Geist gelenkte Aktivität

Einer der großen Vorteile des Sprachengebets ist, dass es dich für die Führung durch den Heiligen Geistes sensibilisiert. Ein Bruder aus unserer Gemeinde wurde von Panikattacken gequält und war derart depressiv, dass er selbstmordgefährdet war. Er hatte noch andere Gesundheitsprobleme und musste jeden Abend viele Pillen nehmen, nur um nachts ein wenig schlafen zu können.

Aber er fing an, in Sprachen zu beten, nachdem er mich über dieses Thema hatte predigen hören, und verspürte daraufhin göttlichen Frieden. Jeden Tag betete er einfach in neuen Sprachen. Je mehr er das tat, desto empfänglicher wurde er für die Führung des Geistes bei allem, was seine Ernährung, Medikation und Gesundheit betraf. Vom Geist geleitet, kam er schließlich aus seinem neunjährigen Martyrium heraus!

Mein Freund, Ruhe ist keine Untätigkeit oder Faulheit, sondern **vom Heiligen Geist gelenkte Aktivität**. Je mehr du in Sprachen betest, desto stärker wirst du die Führung des Geistes wahrnehmen. Er wird dich aus deinem Tal der Depressionen, Schulden oder Krankheiten herausführen und dich auf die Gipfel der Gesundheit und des Heil-Seins bringen!

Der Herr Jesus, in der Nacht, da er verraten ward,
nahm er das Brot, dankte und brach's und sprach:
Das ist mein Leib für euch;
das tut zu meinem Gedächtnis.

1. Korinther 11,23–24 LUT

Und er nahm den Kelch und dankte, gab ihnen denselben und sprach: Trinkt alle daraus! Denn das ist mein Blut, das des neuen Bundes, das für viele vergossen wird zur Vergebung der Sünden.

Matthäus 26,27–28

Als nun Jesus den Essig genommen hatte, sprach er: Es ist vollbracht! Und er neigte das Haupt und übergab den Geist.

Johannes 19,30

Tägliche Gemeinschaft mit dem Herrn

Warum nehmen wir das Abendmahl? Geht es darum, etwas vom Herrn zu bekommen? Nein, das Abendmahl zu feiern erinnert uns an das, was Jesus am Kreuz **bereits** für uns zur Verfügung gestellt und vollbracht **hat**.

Mein Freund, hat Jesus am Kreuz bereits für unsere Sünden Vorsorge getroffen? Ja! Dann musst du nicht mehr das Gefühl haben, für deine Sünden verurteilt zu sein. Hat Jesus am Kreuz bereits für unsere Heilung gesorgt? Ja! Dann musst du die Krankheit in deinem Körper nicht mehr akzeptieren und kannst anfangen, von Jesus vertrauensvoll deine vollständige Heilung zu erwarten. Hat Jesus am Kreuz bereits für unseren Mangel Vorsorge getroffen? Ja! Dann musst du keinen Mangel mehr akzeptieren und kannst anfangen zu glauben, dass Jesus seine Fülle in deinem Leben fließen lässt und sie sich zu zeigen beginnt.

Lieber Freund, nimm täglich das Abendmahl und empfange eine neue Offenbarung über all das Gute, für das Jesus durch sein vollbrachtes Werk bereits gesorgt hat.

Doch er wurde um unserer Übertretungen willen durchbohrt, wegen unserer Missetaten zerschlagen; die Strafe lag auf ihm, damit wir Frieden hätten, und durch seine Wunden sind wir geheilt worden.

Jesaja 53,5

Er hat unsere Sünden mit seinem eigenen Leib auf das Holz des Kreuzes getragen, damit wir tot sind für die Sünden und leben für die Gerechtigkeit. Durch seine Wunden seid ihr geheilt.

1. Petrus 2,24 EÜ

Familie von Lebensmittelunverträglichkeiten geheilt

Eine Frau aus England schrieb mir, um zu erzählen, wie sie und ihre Familie von Unverträglichkeiten gegenüber Gluten und Milchprodukten befreit wurden, indem sie das Abendmahl einnahmen und das **vollbrachte Werk Jesu erkannten**:

Keiner von uns konnte Milchprodukte oder glutenhaltige Lebensmittel essen. Unsere Ernährung war sehr eingeschränkt … Als wir jedoch die Botschaften über das Abendmahl und den vollkommenen Austausch, den Jesus am Kreuz vollzogen hat, hörten, beschlossen wir, dass es die Wahrheit sein musste und wir deshalb ***bereits geheilt waren****.*

Wir nahmen das Abendmahl und erklärten, dass wir durch Jesu Wunden ***geheilt worden waren****, und haben von jenem Tag an normal gegessen … Seit über einem Jahr schon sind wir völlig gesund und können jede Menge neuer Speisen probieren!*

Lieber Freund, das Werk ist vollbracht. Wann immer du das Brot und den Kelch in deinen Händen hältst und an diese Wahrheit glaubst, wirst du Jesu Versorgung deines Körpers mit Gesundheit erfahren!

Du bereitest vor mir einen Tisch
im Angesicht meiner Feinde. Du salbest
mein Haupt mit Öl und schenkest mir voll ein.
Gutes und Barmherzigkeit werden mir folgen
mein Leben lang, und ich werde bleiben
im Hause des HERRN immerdar.

Psalm 23,5–6 LUT

Gott wird sich erheben;
seine Feinde werden sich zerstreuen …

Psalm 68,2

Der HERR wird deine Feinde, die sich gegen dich
auflehnen, vor dir geschlagen dahingeben;
auf einem Weg werden sie gegen dich ausziehen
und auf sieben Wegen vor dir fliehen.

5. Mose 28,7

Ein Tisch im Angesicht deiner Feinde

Untröstlich und am Boden zerstört, als ihre 18-jährige Tochter ihr sagte, dass sie sie hasse, und von zu Hause auszog, erkrankte eine Mutter aus Texas an hohem Blutdruck und bekam starke Blutungen.

Eines Tages schaltete sie eine meiner Sendungen ein und hörte mich über Jesu vollbrachtes Werk auf Golgatha predigen. Sie besorgte sich meine Lehrreihe über das Abendmahl und nahm es jeden Tag, während sie auf das vollbrachte Werk des Herrn vertraute und darauf, dass es ihren Körper heilen und die Beziehung zu ihrer Tochter wiederherstellen würde.

Sechs Monate später schrieb mir dieselbe Mutter, dass sie vom Bluthochdruck geheilt worden war und keine Blutungen mehr hatte. Gott stellte auch die Beziehung zu ihrer Tochter, die nach Hause zurückgekehrt war, wieder her. Heute nimmt sie täglich das Abendmahl zusammen mit ihrem Mann und ihren Kindern und erlebt das gesegnete Familienleben, von dem sie einst nur geträumt hatte. Lieber Freund, ganz gleich, wie schlimm die Dinge jetzt auch stehen mögen, ruhe in Jesu vollbrachtem Werk, indem du an den Tisch des Herrn kommst, und empfange deinen Sieg, deine Wiederherstellung und deine Gesundheit!

Fürwahr, er hat unsere Krankheit getragen und unsere Schmerzen auf sich geladen; wir aber hielten ihn für bestraft, von Gott geschlagen und niedergebeugt. Doch er wurde um unserer Übertretungen willen durchbohrt, wegen unserer Missetaten zerschlagen; die Strafe lag auf ihm, damit wir Frieden hätten, und durch seine Wunden sind wir geheilt worden.

Jesaja 53,4–5

Denn ihr werdet nach und nach die Gnade unseres Herrn Jesus Christus (seine Güte, seine gnädige Großzügigkeit, seine unverdiente Gunst und seinen geistlichen Segen) immer besser kennenlernen und stärker und klarer erkennen, insofern als er, obwohl er [so sehr] reich war, um euretwillen dennoch [so sehr] arm wurde, damit ihr durch seine Armut bereichert (reichlich versorgt) werden könnt.

2. Korinther 8,9 AMP

Zerschlagen für unser völliges Wohlergehen

Wie wird heiliges Salböl hergestellt? Durch Zerstoßen von Oliven in einer Ölpresse, um das Öl extrahieren zu können. Das ist ein schönes Bild für die Zerschlagung unseres Herrn Jesus, die im Garten Gethsemane begann. *Gethsemane* bedeutet wörtlich »Ölpresse«.

Die Bibel sagt uns, dass er um unserer Übertretungen willen *durchbohrt* wurde. Er wurde wegen unserer Missetaten *zerschlagen*. Die *Strafe*, die uns den Frieden gebracht hat, lag auf ihm, und durch seine *Wunden* sind wir geheilt.

Jesus kam, um für uns zerschlagen zu werden. Er wurde geschlagen, gegeißelt und durchbohrt. Warum? Damit alles, was er ist – Gesundheit, Leben, Vollständigkeit, Fülle, Fruchtbarkeit, Gnade, Güte –, wie goldenes Öl in unser Leben fließen kann!

Mein Freund, wann immer du das heilige Salböl zur Heilung, Versorgung oder zum Schutz verwendest, erinnere dich daran, dass Jesus für dein völliges Wohlergehen bereits zerschlagen wurde. Sieh das Werk als vollkommen abgeschlossen an und komm in die Ruhe. So erhältst du deinen Sieg!

Ist jemand von euch krank? Er soll die Ältesten der Gemeinde zu sich rufen lassen; und sie sollen für ihn beten und ihn dabei mit Öl salben im Namen des Herrn. Und das Gebet des Glaubens wird den Kranken retten, und der Herr wird ihn aufrichten; und wenn er Sünden begangen hat, so wird ihm vergeben werden.

Jakobus 5,14–15

Und es wird geschehen an jenem Tag,
da wird seine Last von deinen Schultern weichen
und sein Joch von deinem Hals; ja, das Joch
wird zersprengt werden wegen der Salbung.

Jesaja 10,27

Er trug persönlich unsere Sünden
in seinem [eigenen] Körper auf dem Holz
[wie auf einem Altar und opferte sich selbst darauf] …
Durch seine Wunden seid ihr geheilt worden.

1. Petrus 2,24 AMP

… durch seine Wunden sind wir geheilt.

Jesaja 53,5 LUT

Gesundheit durch Öl, Brot und Wein

Ein Bruder aus Neuseeland teilte mir ein erstaunliches Heilungszeugnis mit. Nach zwei Operationen wurde bei ihm hochgradig aggressiver Prostatakrebs diagnostiziert und seine Fachärztin stellte ihm eine düstere Prognose.

Ein Ehepaar, Älteste aus seiner Gemeinde, salbte ihn mit Öl und betete für ihn. Er spürte, wie ihn Gottes Kraft durchströmte. Danach salbte ihn seine Frau jeden Abend mit Öl und sie beteten und nahmen gemeinsam das Abendmahl. Seine Symptome begannen zu verschwinden und er fühlte sich allmählich immer besser.

Bei seiner nächsten Untersuchung war seine Ärztin völlig überrascht. Sie bezeichnete das Ergebnis seiner Blutuntersuchung als »fantastisch«, weil alle Werte im Normalbereich lagen!

Lieber Freund, das Öl, das Brot und der Wein stellen das vollbrachte Werk Jesu am Kreuz dar. Jesus stellte seinen eigenen Körper zur Verfügung und ließ sich bestrafen, um die Heilung deiner Krankheiten und Gebrechen zu erwirken. Ruhe in der Realität, dass du durch seine Wunden geheilt bist!

… indem wir hinschauen auf Jesus, den Anfänger und Vollender des Glaubens, der um der vor ihm liegenden Freude willen das Kreuz erduldete und dabei die Schande für nichts achtete, und der sich zur Rechten des Thrones Gottes gesetzt hat.

HEBRÄER 12,2

Ich bin mit Christus gekreuzigt; und nun lebe ich, aber nicht mehr ich [selbst], sondern Christus lebt in mir. Was ich aber jetzt im Fleisch lebe, das lebe ich im Glauben an den Sohn Gottes, der mich geliebt und sich selbst für mich hingegeben hat.

GALATER 2,20

Dem Glaubenden ist alles möglich.

MARKUS 9,23 ELB

Ruhe in Jesus, dessen Glaube niemals wankt

Wusstest du, dass uns unser Glaube manchmal dabei im Weg stehen kann, unsere Wunder zu empfangen? Wie? Wenn unser Vertrauen in unserem Glauben liegt und wir uns ständig mit ihm beschäftigen. Anstatt auf Jesus zu schauen, betrachten wir uns selbst und fragen: »Habe ich genug Glauben?« oder »Habe ich mit genügend Glauben gebetet?«

Mein Freund, es geht nicht um Glauben, den du an deinen eigenen Glauben hast, sondern um den Glauben an die Person JESUS, dessen Glaube vollkommen ist und niemals schwankt! Wenn du dich mit Jesus beschäftigst – seiner Güte, Gnade und Barmherzigkeit dir gegenüber –, wirst du einen unbewussten Glauben haben. Wenn du seine Gnade siehst, sieht Gott deinen Glauben!

Lieber Freund, bemühe dich nicht länger, mehr Glauben aufzubringen. Ruhe einfach in Christus, der allen nötigen Glauben an dein Wunder hat. Jesus hat keinen Zweifel daran, dass sein vollbrachtes Werk ausreicht, um deinen Durchbruch herbeizuführen. Alles, was du tun musst, besteht darin, seine Gnade zu sehen und dich an seinen Glauben zu klammern, der niemals wankt. Auf diese Weise erhältst du die Versorgung und den Durchbruch, die du brauchst!

Jesus ist der *Einzige*, dessen Glaube ***niemals wankt.***

Klammere dich
an ***seinem***
unerschütterlichen
Glauben fest
und *empfange*
deine Versorgung.

*»Bist du müde? Erschöpft? Von Religion ausgebrannt?
Komm zu mir. Geh mit mir gemeinsam fort
und du wirst dein Leben zurückgewinnen.
Ich zeige dir, wie du dich wirklich ausruhen kannst.
Geh mit mir und arbeite mit mir – sieh mir zu,
wie ich die Dinge tue. Erlerne den ungezwungenen
Rhythmus der Gnade. Ich werde nichts Schweres
oder Unpassendes auf dich legen. Bleibe bei mir
und du wirst lernen, wie man frei und leicht lebt.«*

MATTHÄUS 11,28–30 MSG

Jesus schenkt dir echte Ruhe

Jesus lebte im ungezwungenen Rhythmus der Gnade. Alles, was er sagte und tat, war wunderschön, perfekt getimt. Er war immer zur richtigen Zeit am richtigen Ort, um das Richtige zu tun. Jedes seiner Worte und jede seiner Taten stieg als herrlich duftendes Aroma zum Vater auf.

Mein Freund, Jesus möchte, dass du seinen ungezwungenen Rhythmus der Gnade erlernst. Er möchte, dass du dich im Einklang mit ihm bewegst. Es ist nicht schwierig, ihm zu folgen – sein Joch ist nicht schwer oder belastend. Es ist einfach und leicht. Wenn du auf seinen Wegen gehst, wirst du echte Ruhe finden.

Lieber Freund, Jesu Wege sind nicht überstürzt oder geprägt von Ungeduld. Er wird dich nie dazu drängen, mehr auszugeben, als du hast. Er wird dich nie an einen Ort des Mangels führen. Stattdessen wird er dich an den Punkt führen, wo du Gottes Güte siehst, die in deinem Leben bereits offenkundig ist. Er wird dich auch dahin führen, treu und fleißig zu sein, sodass du von einer Ebene des Wachstums zur nächsten gehst. Während du mit ihm zusammen bist, wird er dir beibringen, wie man das Christus-Leben führt.

Der HERR ist mir erschienen von ferne:
Ich habe dich je und je geliebt, darum habe ich dich
zu mir gezogen aus lauter Güte.

Jeremia 31,3 LUT

Wie der Vater mich geliebt hat, habe auch ich
euch geliebt. Bleibt in meiner Liebe!

Johannes 15,9 ELB

Denn ich bin gewiss, dass weder Tod noch Leben,
weder Engel noch Fürstentümer noch Gewalten,
weder Gegenwärtiges noch Zukünftiges, weder Hohes
noch Tiefes noch irgendein anderes Geschöpf
uns zu scheiden vermag von der Liebe Gottes,
die in Christus Jesus ist, unserem Herrn.

Römer 8,38–39

Du bist der Jünger, den Jesus liebt

Ich dachte immer, dass Johannes von allen Jüngern, die Jesus liebte, vom Herrn am meisten geliebt wurde, weil die Bibel ihn »den Jünger, den Jesus liebte« nennt. Eines Tages entdeckte ich dann, dass der Satz »der Jünger, den Jesus liebte« nur im Johannesevangelium erscheint. Mit anderen Worten, es war Johannes, der sich selbst der Jünger, den Jesus liebte, nannte!

War Johannes überheblich? Hat Jesus ihn mehr geliebt als die anderen? Nein, Jesus liebte alle zwölf Jünger gleichermaßen, aber für Johannes war Jesu Liebe zu ihm etwas Persönliches und Konkretes!

Mein Freund, das ist es, was du auch tun solltest. Sag nicht einfach: »Jaja, Jesus liebt *alle*.« Sag: »Jesus liebt MICH!« Sag: »**Ich** bin der Schüler, den Jesus liebt«, oder: »**Ich** bin der Jünger, den Jesus liebt«, oder auch: »**Ich** bin die Mutter, die Jesus liebt!« Lass die Liebe Jesu zu dir etwas Persönliches und Konkretes sein, worin du jeden Tag ruhst. Erwarte, dass dir gute Dinge widerfahren, wenn du glaubst, dass Jesus DICH auf eine innige und persönliche Weise liebt!

*Du bist mein geliebter Sohn,
an dem ich Wohlgefallen habe!*

Markus 1,11

*… zum Lob der Herrlichkeit seiner Gnade,
mit der er uns begnadigt hat in dem Geliebten.*

Epheser 1,6

*Und David streckte seine Hand in die Tasche
und nahm einen Stein heraus; und er schleuderte
und traf den Philister an seine Stirn, sodass der Stein
in seine Stirn drang und er auf sein Angesicht
zur Erde fiel. So überwand David den Philister
mit der Schleuder und mit dem Stein, und er
erschlug den Philister und tötete ihn.*

1. Samuel 17,49–50

Wisse, dass du Gottes geliebtes Kind bist, und gewinne!

Als Jesus nach seiner Taufe aus dem Wasser kam, teilten sich die Himmel, der Geist stieg auf ihn herab und der Vater sagte zu ihm: »Du bist mein geliebter Sohn, an dem ich Wohlgefallen habe.« Dann ging unser Herr Jesus in der Kraft des Wissens, dass er der geliebte Sohn des Vaters war, in die Wüste und siegte über jede einzelne Versuchung des Teufels.

Mein Freund, wenn du weißt, dass du das geliebte Kind des Vaters *bist*, weil du in Christus dem Geliebten bist, wirst du die Kraft haben, jede Herausforderung zu überwinden, die der Teufel dir entgegenschleudert. Wahrscheinlich kennst du die Geschichte von David und Goliat. Aber wusstest du, dass Davids Name »Geliebter« bedeutet? Es braucht jemanden, der weiß, dass er der Geliebte Gottes ist, um die Riesen im Leben zu Fall zu bringen!

Ob dein Riese nun eine finanzielle Krise, eine chronische Krankheit oder eine zerstörerische Sucht ist, ruhe in dem Wissen, dass du das geliebte Kind Gottes bist. Es wird dich stärken und erhalten und dir den Glauben, die Gunst und die Weisheit schenken, um deine Riesen niederzuschlagen!

Dir geschieht Gutes,
wenn du **glaubst,** dass
Jesus dich
liebt.

DU bist Gottes
geliebtes Kind,
an dem er
Wohlgefallen hat.

Und wir haben die Liebe erkannt und geglaubt, die Gott zu uns hat. Gott ist Liebe, und wer in der Liebe bleibt, der bleibt in Gott und Gott in ihm.

1. JOHANNES 4,16

Wie köstlich ist deine Liebe, Gott!
Menschen bergen sich im Schatten deiner Flügel.

PSALM 36,7 EÜ

Und dies ist die Zuversicht, die wir zu ihm haben, dass er uns hört, wenn wir etwas erbitten, das seinem Willen entspricht. Wenn wir wissen, dass er uns bei allem hört, was wir erbitten, dann wissen wir auch, dass er unsere Bitten schon erfüllt hat.

1. JOHANNES 5,14–15 EÜ

Segen für die Menschen, die der Herr liebt

Jesus liebt MICH. Drei einfache Worte, die einen großen Unterschied in deinem Leben machen können, wenn du ihnen Glauben schenkst.

Seit einiger Zeit hatte eine kostbare Frau in den Niederlanden Gott geglaubt, dass er sie finanziell versorgen würde. Dann sah sie sich eine meiner Fernsehsendungen an und bekam eine Offenbarung darüber, wie sehr der Herr sie liebt. Zum ersten Mal betete sie für ihre finanzielle Not mit der Offenbarung, dass Jesus sie liebt. »Noch am selben Tag«, sagte sie, »riefen mich zwei neue Kunden an. In der folgenden Woche bat ich Gott erneut um seine Versorgung, vertraute einfach darauf und ruhte in seiner Liebe zu mir. Und wissen Sie was? Drei neue Kunden riefen an! Jetzt weiß ich, dass Jesus mich segnet, weil er mich liebt. Es liegt nicht an dem, was ich getan oder nicht getan habe. Eine Offenbarung dieser Wahrheit zu bekommen, hat für mich so viel verändert, dass ich meiner Familie, meinen Angehörigen und jeder Person, die ich treffe, davon erzähle!«

Durchbrüche kommen und erstaunliche Dinge können dir passieren, wenn du wirklich glaubst, wie sehr Jesus DICH liebt.

Und Jesus sprach zu ihm:
Die Füchse haben Gruben,
und die Vögel des Himmels haben Nester;
aber der Sohn des Menschen hat nichts,
wo er sein Haupt hinlegen kann.

MATTHÄUS 8,20

Als nun Jesus den Essig genommen hatte, sprach er:
Es ist vollbracht! Und er neigte das Haupt
und übergab den Geist.

JOHANNES 19,30

Wer wird uns scheiden von der Liebe Christi?
Bedrängnis oder Angst oder Verfolgung oder
Hungersnot oder Blöße oder Gefahr oder Schwert? …
Aber in diesem allen sind wir mehr als Überwinder
durch den, der uns geliebt hat.

RÖMER 8,35–37 ELB

Mehr als ein Überwinder durch Jesu Liebe

Jesus sagte: »Die Füchse haben Gruben, und die Vögel des Himmels haben Nester; aber der Sohn des Menschen hat nichts, wo er sein Haupt **hinlegen** kann.« Ich finde diese Aussage so schön. Ich will dir auch sagen, warum.

Im griechischen Grundtext ist das Wort für »hinlegen« ein ganz besonderes Wort – *klino*. Der einzige andere Ort, an dem es in Bezug auf Jesus und seinen Kopf verwendet wird, ist das Kreuz. Als Jesus am Kreuz hing und ausrief: »Es ist vollbracht!«, sagt die Bibel: »Und er **neigte** das Haupt und übergab den Geist.« Das Wort »neigte« ist hier das gleiche griechische Wort – *klino*.

Lieber Freund, erst am Kreuz fand der Menschensohn endlich einen Ort, an dem er sein Haupt ruhen lassen konnte. Jesus fand seine Ruhe darin, uns zu erlösen, uns zu lieben. Wir wiederum finden Ruhe darin, uns von seiner aufopferungsvollen Liebe zu uns zu nähren.

Vor welcher Herausforderung oder Not du heute auch stehst, er hat dich durch seine Liebe zu mehr als einem Überwinder gemacht!

Denn so viele Verheißungen Gottes es gibt –
in ihm ist das Ja, und in ihm auch das Amen,
Gott zum Lob durch uns!

2. KORINTHER 1,20

Wie jeder eine Gnadengabe empfangen hat,
so dient damit einander als gute Verwalter
der verschiedenartigen Gnade Gottes!

1. PETRUS 4,10 ELB

Der HERR wird dir den Himmel, seinen guten Schatz, auftun, um deinem Land Regen zu geben zu seiner Zeit, und um alle Werke deiner Hände zu segnen. Und du wirst vielen Völkern leihen; du aber wirst dir nichts ausleihen müssen. Und der HERR wird dich zum Haupt setzen und nicht zum Schwanz; und es wird mit dir immer nur aufwärtsgehen und nicht abwärts …

5. MOSE 28,12–13

›Denn ich weiß genau, welche Pläne
ich für euch gefasst habe‹, spricht der Herr.
›Mein Plan ist, euch Heil zu geben und kein Leid.
Ich gebe euch Zukunft und Hoffnung.‹

JEREMIA 29,11 NLB

Steh auf und leuchte!

Lieber Freund, alle Versorgungszusagen Gottes an dich sind *ja* und *amen*! Ich möchte jetzt, dass du folgende Worte laut aussprichst:

Ich erkläre, dass ich in den Augen Jesu besonders bin und er mich bedingungslos liebt. Ich habe eine fantastische Bestimmung. Jesus hat mich mit Gaben, Talenten und Fähigkeiten ausgestattet. Heute empfange ich die Fülle der Gnade und das Geschenk der Gerechtigkeit, um im Leben zu herrschen. Ich sage Dank dafür, dass seine Gunst mich wie ein Schild umgibt und mir Türen zu neuen Möglichkeiten öffnet. Dank Jesus werde ich das Haupt und nicht der Schwanz sein, geht es aufwärts und nicht abwärts, werde ich verleihen, mir aber nichts borgen. Ich werde keinen Mangel leiden, sondern von seiner Fülle, seiner Weisheit, seinem Frieden und seinem Schutz umgeben sein.
Danke, Jesus, für dein für mich vollbrachtes Werk am Kreuz. Ich empfange genau jetzt eine neue Offenbarung deiner Liebe und danke dir, dass alles, was meine Hände berühren, gesegnet sein wird! Ich glaube von ganzem Herzen, dass ich überreich gesegnet, höchst begünstigt und innig geliebt bin! Amen!

Gebete

Gebet für deine Errettung

Wenn du alles empfangen willst, was Jesus für dich getan hat, und ihn zu deinem Herrn und Retter machen möchtest, bete bitte dieses Gebet:

Herr Jesus, danke, dass du mich liebst und für mich am Kreuz gestorben bist. Dein kostbares Blut wäscht mich von jeder Sünde rein. Du bist jetzt und für immer mein Herr und mein Retter. Ich glaube, dass du von den Toten auferstanden bist und heute lebst. Wegen deines vollbrachten Werkes bin ich jetzt ein geliebtes Kind Gottes und der Himmel ist mein Zuhause. Danke, dass du mir ewiges Leben gibst und mein Herz mit deinem Frieden und deiner Freude erfüllst. Amen.

Abendmahlsgebet

Während du das Abendmahl zu dir nimmst, erkenne und erkläre immer wieder, dass du durch Jesu Wunden geheilt wurdest und dass sein Blut alle deine Sünden weggewaschen und dich dazu berechtigt hat, seine Heilung und Gesundheit zu empfangen.

Halte das Brot in deiner Hand und sage dies:

Danke, Jesus, für deinen zerbrochenen Leib. Danke, dass du am Kreuz meine Symptome und Krankheiten getragen hast, damit ich deine Gesundheit und dein Heil-Sein besitzen kann. Ich erkläre, dass ich durch deine Wunden, durch die Schläge, die du ertragen hast, durch die Hiebe, die auf deinen Rücken fielen, vollkommen geheilt bin. Ich glaube und empfange heute dein Auferstehungsleben für meinen Körper. (Iss das Brot.)

Nimm danach den Kelch in deine Hand und sage dies:

Danke, Jesus, für dein Blut, das mich weißer gewaschen hat als Schnee. Dein Blut hat mir Vergebung gebracht und mich für immer gerecht gemacht. Und während ich trinke, feiere ich das Erbe der Gerechten, das Bewahrung, Gesundheit, Heil-Sein und alle deine Segnungen beinhaltet, und nehme es in mich auf. (Trink den Wein.)

Danke, Jesus, ich liebe dich,
weil du mich zuerst geliebt hast.

Salböl-Gebet

Du kannst einen Pastor oder Leiter in der Gemeinde darum bitten, Öl für dich zu weihen und darüber zu beten. Als König und Priester in Christus (siehe Offb 1,6) kannst du aber auch selbst über dem Öl beten und es dazu aussondern, heilig zu sein. Hier ist ein Gebet, um dein Öl zu segnen und zu heiligen:

Im Namen Jesu sondere ich dieses Öl dazu aus, heiliges Salböl zu sein.

Jesus, ich danke dir, dass du für meine vollständige Heilung und Ganzheit zermalmt wurdest. Dieses heilige Salböl zeigt die Vollkommenheit deines vollbrachten Werkes. Sobald irgendetwas von diesem Öl berührt wird, wird die Fülle deiner Gnade, Macht und Heilungskraft fließen, gemäß deinem Wort in Markus 6,13 und Jakobus 5,14. Dafür danke ich dir.

Ich bete, dass dieses Öl, wo auch immer man es aufträgt, deinem Namen Ehre und Lob bringen wird. Amen.

Wir würden uns freuen, von dir zu hören

Wenn du das Gebet für deine Errettung gebetet hast oder uns nach dem Lesen dieses Buches gern ein Zeugnis erzählen möchtest, schick es uns bitte via *josephprince.de/zeugnis.*

Gesund und heil durch das Abendmahl

Falsche Vorstellungen über das Abendmahl haben viele Christen eines von Gott festgelegten Kanals der Heilung und Gesundheit beraubt. Dieses Buch erklärt, welche Bedeutung die Elemente des Abendmahls wirklich haben: das Blut Jesu zur Vergebung der Sünden und sein Leib für unsere Heilung.

86 Seiten, Taschenbuch
Auch als E-Book und Hörbuch erhältlich.

Heilungszusagen

»Heilungszusagen« nimmt dich mit in das Herz deines Herrn Jesus und zeigt dir seine Barmherzigkeit und Bereitschaft, dich zu heilen. Erkenne anhand von Gottes Wort, dass du in der Gnade unseres Herrn ruhen darfst, der selbst alles für dich getan hat, damit du geheilt werden kannst.

249 Seiten, gebunden mit Lesebändchen
Auch als E-Book erhältlich.

Zur Herrschaft bestimmt

Das Geheimnis zu mühelosem Erfolg, Erfüllung und siegreichem Leben

Menschen sind zu einem erfüllten und siegreichen Leben berufen. Durch Jesus hat Gott alles dafür vollbracht. Joseph Prince zeigt, wie wir Krankheiten, finanziellen Notlagen, zerbrochenen Beziehungen und zerstörerischen Gewohnheiten mit Zuversicht und Autorität entgegentreten können.

348 Seiten, gebunden mit Lesebändchen
Auch als E-Book und Hörbuch erhältlich.

Weitere Bücher von Pastor Joseph Prince:

Verankert
Schluss mit negativen Gedanken
Lass los und lebe
Lass los und lebe – Arbeitsbuch
Das Gebet des Schutzes
Das Gebet des Schutzes – Arbeitsbuch
Die Revolution der Gnade
Die Revolution der Gnade – Arbeitsbuch
Herrliche Gnade
Die Kraft des richtigen Glaubens
100 Tage in der Kraft des richtigen Glaubens
Zur Herrschaft bestimmt – 365 Andachten
Herrsche im Leben
Unverdiente Gunst
100 Tage der Gunst
Geistliche Kampfführung

www.josephprince.de